Het Gebed van Velen *is een boek dat de kerk uitdaagt tot gezamenlijk gebed. Op iedere pagina zijn voorbeelden en bijbelteksten te vinden die de dynamiek en het belang illustreren van deze manier van bidden. In dit boek wordt de reis beschreven die Mike samen met zijn team ondernam om gezamenlijk gebed voor iedereen toegankelijk te maken in een sfeer van opgewekt, aanbiddend, kerkelijk familieleven.*

STUART BELL
Voorganger van Alive Church, Lincoln

Met dit boek geeft Mike ons een prachtig stuk gereedschap in handen dat niet alleen velen zal aanzetten tot gebed, maar ons ook praktische handvatten geeft voor volhardend gezamenlijk gebed, waarbij de bidstond opnieuw het karakter krijgt van de machinekamer van de kerk. Bijbels, gepassioneerd en nederig, net als de schrijver zelf.

MIKE PILAVACHI
Soul Survivor

Mike ziet gezamenlijk gebed als de machinekamer van het gemeenteleven; zonder gebed brengen we niets tot stand. Hij geeft ons inzicht en praktische aanwijzingen over hoe gezamenlijk gebed een eensgezind leger op de been brengt dat vol passie uitziet naar het welslagen van Gods plannen. Fascinerend om te lezen en buitengewoon motiverend materiaal voor iedere kerk die dit wil opvolgen.

LIZ HOLDEN
New Ground Churches

Als je dit boek leest, verwacht dan dat je geïnspireerd & geprikkeld zult worden door de kracht van persoonlijk & gezamenlijk gebed. Jezus wees zijn leerlingen terecht toen zij niet in staat bleken één uur met hem te waken & te bidden. Wij leven in een tijd waarin veel christenen van deze generatie de discipline & het bidden hebben ingeruild voor andere programma's. Mattheüs 26:40-41 'Waak & bid, opdat u niet in verzoeking komt'. Laten we bidden nooit uitstellen, want gebed werkt!

EDWARD BURIA
Kerith Church, Meru, Kenia

HET GEBED VAN VELEN

Copyright © 2019 Mike Betts
Eerste uitgave 2019; eerste Nederlandse uitgave 2019
The right of Mike Betts to be identified as the author of this work has been asserted by him in accordance with the Copyright, Designs and Patents Act 1988

Nederlandse vertaling door: Lydie Geurts, Toos Kleinhout, Joop Bakker, Gert Hijkoop.

Alle rechten voorbehouden. Niets uit deze publicatie mag worden gereproduceerd of doorgegeven in welke vorm of op welke manier dan ook, elektronisch of mechanisch, daarbij inbegrepen het maken van fotokopieën en het gebruik van informatie-opslag- of informatiezoeksystemen, zonder voorafgaande schriftelijke toestemming van de uitgever.

Uitgegeven door Relational Mission
Jubilee Family Centre, Norwich Road, Aylsham, Norfolk, NR11 6JG, UK
www.relationalmission.com

ISBN 978-1-9162781-2-7

De Bijbelteksten in deze uitgave zijn ontleend aan de Bijbel in de Herziene Statenvertaling, © Stichting HSV 2010, tenzij anders vermeld.
Afkortingen van gebruikte Bijbelvertalingen:

ESV	English Standard Version
GNB	Goed Nieuws Bijbel
HSV	Herziene Statenvertaling
MSG	The Message
NBG	Vertaling van het Nederlands Bijbelgenootschap 1951
NBV	De Nieuwe Bijbelvertaling
WV	Willibrord Vertaling

Omslagontwerp door Daniel Goodman
Opmaak in Adobe Garamond Pro & Garamond

HET GEBED VAN VELEN

door Mike Betts

Nederlandse vertaling door: Lydie Geurts,
Toos Kleinhout, Joop Bakker, Gert Hijkoop.

Uitgegeven door *Relational Mission*

Opgedragen aan Walter Long en Joan Gowing.
Veel heb ik te danken aan hun aanwezigheid, hun passie en smeekbeden tot God in mijn plaatselijke kerk – zij hebben mij, zolang ik christen ben, niet slechts geleerd dat gezamenlijk gebed absoluut noodzakelijk is; door hun voorbeeld heb ik ook gezien hoe we kunnen bidden in zulke samenkomsten, en dat heeft onvermijdelijk tot gevolg gehad dat ik in het leven van de plaatselijke kerk zoveel zegen heb mogen zien.
En het beste moet nog komen!

INHOUD

VOORWOORD & WOORD VAN DANK

1 REVOLUTIE   1
EEN OPROEP TOT EEN REVOLUTIE VAN GEZAMENLIJK GEBED

2 GREPPELS   14
SAMEN BIDDEN IS ALS HET GRAVEN VAN GREPPELS VOORDAT DE REGEN VALT

3 STRIJD   29
SAMEN BIDDEN IS ALS EEN GEWAPENDE STRIJD

4 VUUR   47
SAMEN BIDDEN IS ALS HET AANSTEKEN VAN VUUR

5 ORKEST   60
SAMEN BIDDEN IS ALS EEN ORKEST DAT MUSICEERT

6 FAMILIE   77
SAMEN BIDDEN HEEFT DE KRACHT VAN FAMILIE ZIJN

7 ONTRUIMING   97
SAMEN BIDDEN IS DE DUIVEL EEN ONTRUIMINGSBEVEL OVERHANDIGEN

8 BOOM   115
SAMEN BIDDEN IS ALS HET UITGRAVEN VAN EEN BOOMSTRONK

9 APPENDIX: GEREEDSCHAPSKIST   128
EEN PAAR PRAKTISCHE HANDVATTEN OM TE GROEIEN IN GEZAMENLIJK GEBED

VOORWOORD

De resultaten van onderzoek geven een ontnuchterend beeld. Er zijn duidelijke aanwijzingen dat de gebedssamenkomst van de kerk op zijn retour is en in de meeste kerken zelfs uitsterft (minder dan de helft heeft nog een bidstond). En dat in een tijd waarop ons land meer dan ooit eenstemmig, gezamenlijke voorbede nodig heeft.

Ondertussen wordt de duidelijke opdracht van de apostel Paulus aan de gehele kerk om 'smekingen, gebeden, voorbeden en dankzeggingen te doen voor (…) alle hooggeplaatsten, opdat wij een stil en rustig leven mogen leiden, in alle godsvrucht en waardigheid' (1 Timoteüs 2:1-2 NBG), stelselmatig genegeerd. Het zou zo maar kunnen dat er tegenwoordig geen Bijbels gebod is dat meer algemeen en zonder blikken of blozen door Gods volk in het Verenigd Koninkrijk [en Nederland] genegeerd wordt. Het lijkt erop dat we de leiders krijgen waarvoor we bidden. Geen wonder dat we zoveel moeite hebben om rustig en stil te leven in alle godsvrucht en waardigheid!

Iets in mij, maar ook in Mike Betts, roept uit: 'Niet onder mijn leiding!' De bidstond mag geen, en zal geen stille dood sterven zolang wij de verantwoording hebben. We moeten in het hele land lichtbakens van voorbede aansteken. Sommige plaatsen zullen vlam vatten! In de afgelopen jaren is het voor Britse kerken normaal geworden om dag-en-nacht te bidden – twintig jaar geleden was dit ondenkbaar. *Thy Kingdom Come* [een gebedsinitiatief van de Church of England], brengt nu meer dan een miljoen mensen vanuit elke christelijke traditie er toe, om tijdens de Pinksterdagen samen als één man te bidden voor de uitstorting van de Geest en de komst van Christus' koninkrijk (verdedigbaar om te zeggen dat dat hetzelfde is). De *Redeemed Christian Church of God* brengt 40.000 mensen samen voor een hele nacht van gebed in het *ExCel Centre* in Londen. Het *Enough* initiatief dat door Mike Betts wordt geleid, creëert op verschillende plaatsen in het land een plek waar voorbeden worden gedaan. Er zijn veel bemoedigende initiatieven gaande nu God zijn kerk oproept om in deze generatie opnieuw de buitengewone kracht te herontdekken van eenstemmig gebed.

Dit overtuigende boek legt uit waarom gezamenlijk gebed *Bijbels* is; welk verschil het in *het verleden* heeft gemaakt en hoe we het in *praktijk* kunnen brengen, en gebruikt daarbij een paar geschikte voorbeelden (ik was vooral blij met het hoofdstuk over bidden als familie, en het laatste hoofdstuk over de 'Gereedschapskist').

Mike Betts schrijft met het hart van een ervaren pastor die weet hoe hij anderen kan toerusten en inspireren. Mensen bij wie de ervaringen van beantwoorde gebeden zijn gezouten met de teleurstellingen van onbeantwoord gebed, hebben een zeker gezag. Hun geloof is verrijkt met trouw. Toen ik Mike leerde kennen, heb ik ontdekt dat hij een heel uitzonderlijk mens is: een westerse kerkleider die meer van zijn tijd besteedt aan gebed dan aan podium, meer aan vriendschap dan aan rol, die eerder spreekt met God over anderen dan met anderen spreekt over God.

De boodschap van dit boek is urgent en nodig, en geschreven door een ervaren vakman, met het heldere verstand van een oplettende voorbidder, en het moedige hart van een vader in het geloof.

PETE GREIG

Pete is een van de oprichters van de 24-7 Prayer beweging en leidt Emmaus Rd met zijn vrouw Sammy. Ze wonen in Guildford met hun twee zonen en hun twee honden, Noodle & Crumble. Pete is ambassadeur van de NGO Tearfund en heeft zeven jaar in het algemeen leiderschapsteam van Holy Trinity Brompton in Londen gediend. Pete is een bekend auteur en schreef onder meer *Red Moon Rising*, *God on Mute* (Als God zwijgt) en *Dirty Glory*.

WOORD VAN DANK

Een paar jaar geleden kreeg ik een aanmoediging waarin mij werd gezegd dat God mij zou leren om boeken te schrijven. Er werd aan toegevoegd dat, om mij vertrouwen te geven in dit proces, anderen mij zouden helpen met de gaven die zij hadden voor het vormgeven van die boeken. Dat was voor mij echt een bemoediging, want ik heb soms de neiging om te twijfelen aan mijzelf waarbij ik me afvraag of ik wel iets heb toe te voegen aan de vele stemmen die al zo goed over zo veel dingen spreken! Dit is mijn derde boek en ik kan getuigen van de geweldige hulp die ik heb ontvangen bij het schrijven van *From the Inside Out*; *Relational Mission – een manier van leven* en dit laatste boek *Het Gebed van Velen*. Ik hoop dat dit nieuwe boek, waarin ik geprobeerd heb om eenvoudig te schrijven over het onderwerp van gezamenlijk gebed, goed zal worden ontvangen en voor iedereen makkelijk toegankelijk zal zijn. En, veel belangrijker nog, dat het de lezers zal opwekken en tot actie zal aanzetten.

Een speciaal woord van dank aan Phil Whittal die, meer dan wie dan ook, mij geholpen heeft bij de redactie en de vormgeving van het materiaal zoals dat nu voor u ligt. Hij was en is steeds weer de man die mij helpt en het mij mogelijk maakt om te schrijven. Hij helpt mij om dat wat in mijn hart leeft op papier te zetten; dat is een kostbaar iets. Dank aan Penny Taylor voor haar onvermoeibare dienende hart, voor haar hulp bij dit boek en in zoveel andere dingen. Daarnaast zijn er veel anderen die geholpen hebben bij het tot stand komen van dit boek. Daarom een speciaal woord van dank voor Jennie Pollock, Poppy Balding, Lydie Geurts, Daniel Goodman en James Taylor voor hun tijd en expertise, en aan allen die hebben meegeholpen aan de vertaling van dit boek.

Tot slot aan allen die hun verhaal aan dit boek hebben toegevoegd en daarin iets laten zien van wat gezamenlijk gebed voor hen heeft uitgewerkt. Hartelijk dank.

1
REVOLUTIE

EEN OPROEP TOT EEN REVOLUTIE VAN GEZAMENLIJK GEBED

We leven in een instant tijdperk. We staan continu met elkaar in contact en worden voortdurend van de nieuwste informatie voorzien. Als mijn telefoon niet binnen een paar seconden een app opstart, vraag ik me af wat er verkeerd is gegaan. Wachten is vreselijk, want uiteindelijk zijn we drukke mensen. Verandering (vooral bij anderen) moet snel gebeuren, en ga zo maar door. De westerse mens heeft niet veel geduld. Als ik dus het woord revolutie gebruik, kan dat maar al te snel het beeld oproepen van iets dat zich in zeer korte tijd voltrekt. Maar als we even de geschiedenisboeken raadplegen (als we daar tenminste tijd voor hebben), zullen we ontdekken dat revoluties plaatsvinden in de loop van een aantal jaren en niet in een paar dagen, en zeker niet in uren, minuten of seconden.

De Franse Revolutie in de 18e eeuw duurde twaalf jaar. De Amerikaanse Revolutie duurde achttien jaar. De industriële revolutie nam tachtig jaar in beslag! Een revolutie die langdurige en belangrijke verandering bewerkt, kan jarenlange investeringen en offers vragen.

Dit lijkt een nogal dramatische start voor een boek dat gaat over gebed. Toch ben ik ervan overtuigd dat wij als het op gezamenlijk bidden aankomt – het als kerk samen bidden – zonder meer een revolutie nodig hebben.

Veel grote geloofshelden hebben een aantal prachtige boeken geschreven over gebed. Maar de meesten van hen richten zich vooral op de enkeling, dus op de mensen die gewend zijn om alleen te bidden. Er is niet zoveel geschreven over gezamenlijk gebed (al denk ik wel dat er een verandering gaande is). En toch, als het op gebed aankomt, heeft de Bijbel veel te zeggen over gezamenlijk bidden.

In 2013 luisterde ik naar Pete Greig. Hij sprak voor een groep leiders die ik bij elkaar had gebracht. Pete is één van die mannen die ik net noemde – een geloofsheld die diverse prachtige boeken heeft geschreven over gebed. Maar Pete heeft ook wel iets te zeggen over gezamenlijk gebed. Hij is uiteindelijk de man die een echte gebedsbeweging op gang bracht die bekend staat als 24-7 Prayer, en die nu meer dan twintig jaar bestaat. Toen Pete sprak, zei hij:

'In de afgelopen 30 jaar is de gezamenlijke aanbidding in het kerkelijk leven onherkenbaar veranderd, omdat er met veel energie en creativiteit aan gewerkt is. Probeer je eens voor te stellen hoe het er nu uit zou zien als er in de kerk net zoveel aandacht aan gezamenlijke gebed besteed werd.' [1]

Deze opmerking raakte me diep. Ik bleef erover nadenken. En dat doe ik nog steeds. Het is zelfs zo, dat ik besloten heb dat voor zover het van mij afhangt, ik mij wil inzetten voor de oplossing en het probleem niet langer wil negeren. In mijn jonge jaren was ik lofprijzingsleider en ik herinner me nog heel goed hoe ingrijpend en opwindend de ontdekkingsreis van gezamenlijke aanbidding was. Ik kan me heel goed voorstellen dat zo'n reis voor gezamenlijk gebed ook mogelijk is.

We leven niet alleen in een ongeduldige tijd, we leven ook in een individualistische tijd. Individualisme is een culturele voorkeur waarbij de verlangens van een individu een hogere

---

[1] Pete Greig, 'Forum 2013' – tekst uit een opname door *Relational Mission*.

prioriteit hebben dan de collectieve behoeften. Het zet mensen ertoe aan om op zichzelf te vertrouwen en leidt tot onafhankelijkheid. Dit heeft zijn weerslag op de geestelijke groei van mensen en daarom zien we een grote nadruk op zelfhulp, zelfverbetering en persoonlijke ontwikkeling. Dit is zowel in als buiten de kerk het geval. Het heeft goede kanten, maar tegelijkertijd ook zijn blinde vlekken, zwakten en gevaren.

Als we het onderwijs in het Nieuwe Testament verder bekijken met betrekking tot alles wat met gebed te maken heeft, dan zien we dat dit uitgaat van een gezamenlijke context. Als jij eerder denkt: wat betekent dit voor mij?, dan: wat betekent dit voor *ons*?, dan denk je individualistisch en niet gezamenlijk. Als dat heel vaak gebeurt, dan is het gevaar groot dat we belangrijke aspecten van de Bijbelse gebedspraktijk uit het oog verliezen. We moeten onze ideeën over de juiste identiteit en het wezen van de kerk als het gezin, de mensen, de tempel en het volk van God, sterker ontwikkelen. De Bijbel verwacht dat ons leven als christen voornamelijk gestalte krijgt en uitgewerkt wordt in een gezamenlijke context. In die zin wordt volwassen gezamenlijk gebed, vooral in het leven van Gods volk, iets dat we moeten hoogschatten en najagen.

Terugkijkend op mijn leven als christen, zijn veel van de belangrijkste gebeurtenissen die ik mij herinner juist die momenten waarop gezamenlijk gebed een belangrijke rol speelde. Toen ik nog een jong christen was, was de bidstond van mijn plaatselijke kerk de machinekamer voor alles wat God deed. Jarenlang kwamen de gemeenten die indertijd in het Verenigd Koninkrijk bekend stonden als Newfrontiers kerken, drie keer per jaar samen voor twee dagen van bidden en vasten. Ik ben ervan overtuigd dat dit de machinekamer was voor al die opmerkelijke dingen die we God zagen doen in de afgelopen decennia. Ik ben er nog steeds van overtuigd dat wanneer het volk van God bidt, daardoor de hemelse hulpbronnen op een niet te evenaren manier op aarde vrijkomen.

Hoe kunnen wij dus als kerken in een ongeduldige en individualistische wereld, investeren in een revolutie van gezamenlijk gebed?

TOELEGGEN OP EEN LANGERE AFSTAND

Ik had het voorrecht om Mo Farah, de wereld- en olympisch kampioen hardlopen op de middellange afstand, tijdens zijn laatste race op die afstand, te zien lopen. Na die race ging hij over op een langere afstand; hij legde zich toe op de marathon. Daarvoor moest hij zijn routine, zijn training, zijn perspectief en zijn doelstellingen wijzigen. Zelfs zijn identiteit als middellange afstandsloper wilde hij graag opnieuw definiëren voor de toekomst die hij voor zich zag. Dit deed mij denken aan de kerk in het Westen, die als het om gezamenlijk gebed gaat, zich op 'een langere afstand' zou moeten toeleggen. Onze broers en zussen in de zuidelijke en oostelijke gebieden van deze wereld zijn tot veel meer in staat en beter getraind dan wij als het gaat om gezamenlijk gebed, en we kunnen veel van hen leren. We moeten onszelf toeleggen op een andere gebedsdynamiek net als Mo Farah die zich onafgebroken en met stug doorzettingsvermogen toelegde op een andere routine toen hij zijn loopafstand wijzigde.

Er zijn een paar belangrijke stappen te nemen. In de eerste plaats moeten we gebed ontdoen van het etiket 'specialisme'.

Maar al te vaak worden gebed en voorbede beschouwd als gaven die maar voor een paar mensen zijn weggelegd. Bijvoorbeeld voor mensen die heel erg goed kunnen bidden, en die lijken open te bloeien tijdens bidstonden, mensen die 'voorbidders' of 'gebedsstrijders' genoemd worden.

In de Bijbel lezen we niets over een gave van voorbidder. Er staat wel iets in over voorbede door de gemeente als geheel. Gebed maakt deel uit van de erfenis van alle gelovigen – samen bidden zou bij onze levensstijl moeten horen.

Binnen de familie van kerken die ik leid, hebben we de laatste jaren veel aandacht besteed aan het samen bidden. Niet slechts als één kerk maar als groepen van kerken. We wilden drie keer per jaar met zoveel mogelijk mensen bij elkaar komen om op dezelfde avond voor dezelfde dingen te bidden.[2] Om zoveel mogelijk mensen in de gelegenheid te stellen mee te doen, leggen we de lat niet al te hoog, zodat iedereen mee kan doen. We hebben ons best gedaan om het voor ieder die

---

[2] We noemen deze gebedsbijeenkomsten *'Enough'* en geven zo aan dat God genoeg is voor ons, en dat er in onze wereld dingen gebeuren en onrecht plaatsvindt waar wij genoeg van hebben. Verder in dit boek zal ik meer over *Enough* vertellen.

Christus volgt, makkelijk te maken om mee te doen en plezier te beleven aan het gezamenlijke bidden.

De kerk in het Westen heeft het moeilijk; dat is algemeen bekend. Het hart klopt nog wel, maar op veel plaatsen is de hartslag amper waar te nemen. Er is en blijft veel te zeggen over de oorzaak en de oplossing van het probleem als het gaat om ideeën voor het herstel van de patiënt. En net als veel anderen, lees ik het boek Handelingen om te ontdekken wat we kunnen leren van de apostelen en de vroege kerk en de manier waarop zij alles aanpakten.

De apostelen, geconfronteerd met bijzonder krachtige groei, bleven er toch van overtuigd dat zij moesten 'volharden in het gebed en in de bediening van het Woord'[3]. De apostelen waren zich bewust van de effectiviteit van deze onmisbare elementen en dat de taak die voor hen lag zonder die twee bestanddelen enorm zou zijn. Vandaar dat ik twee simpele dingen aandraag die uiterst belangrijk zijn voor het herstel van de gezondheid en de vitaliteit van de kerk in het Westen. In de eerste plaats is het nodig dat iedereen een getuige voor

---

[3] Handelingen 6:4.

Christus is, in woorden, werken en wonderen. In de tweede plaats is het nodig dat iedereen zich toewijdt aan gezamenlijk gebed. Wanneer deze twee dingen een 'besmettelijke' cultuur en levensstijl worden net zoals dat aan het eind van de 18e eeuw in Engeland het geval was[4], dan geloof ik dat we daardoor een golf van kerkplantingen zullen meemaken omdat velen tot Christus komen.

Jammer genoeg heb ik ook gemerkt dat deze twee eenvoudige maar belangrijke dingen waarschijnlijk de zwakste elementen zijn van de Westerse kerk.

Ik vind mijzelf geen expert op het gebied van gebed. Ik kan zelfs niet zeggen dat ik er heel goed in ben. Ik wil het wel graag, en ik geef me er naar beste kunnen aan, maar vaak verlies ik mijn concentratie; ik heb het gevoel dat mijn woorden niet recht doen aan de taak op zich. Ik ben snel moe wat dat aangaat. Toch wil ik samen met anderen op reis gaan zodat we samen dingen kunnen doen die we anders nooit zouden kunnen doen. Ik wil me uitstrekken naar dingen die we niet

---

[4] S. Pearce Carey, M.A., *William Carey, D.D. Fellow of Linnean Society* (London: Hodder and Stoughton, 1923). pag. 14.

voor mogelijk hadden gehouden en ik heb ontdekt dat als ik samen met anderen bid, ik het beter kan, hoger kan reiken, me beter kan concentreren, woorden kan vinden en 'amen' kan zeggen op de gebeden van anderen, en dat op een manier die gewoon niet haalbaar is als ik alleen ben.

Ik wil graag dat gezamenlijk gebed voor iedereen toegankelijk is, dat het iets is dat anderen makkelijk kunnen oppakken. Als ik, een mede-worstelaar, de moed heb om eerlijk te zeggen: 'Kom op, mensen, we kunnen dit samen aan, echt waar, laten we elkaar helpen', dan is het wellicht toch mogelijk dat er iets in beweging komt.

Voor ieder die Christus volgt zijn er diverse uitdagingen als het gaat om een zinvolle inzet van gezamenlijk gebed in de plaatselijke kerk. Eén daarvan is de vraag: 'Wat werkt het uit?' Dat is begrijpelijk, dat snap ik. Als ik een maaltijd kook, een auto was, een stoel maak, een schilderij of een schutting schilder, dan kan ik vrijwel direct zien wat ik heb gedaan, wat de voortgang, de uitkomst, het resultaat, of zelfs wat de opbrengst is. Gebed is anders.

Gebed heeft vaak te maken met dingen die onzichtbaar zijn en we hebben geloofsogen nodig om te kunnen zien wat er gebeurt. Ik moet denken aan een stoomlocomotief. Als je hout en kolen op het vuur gooit, levert het niet gelijk de hoeveelheid stoom op die de locomotief in beweging zet. Maar je kunt er zeker van zijn dat als je het vuur met brandstof blijft voeden, de druk en de hoeveelheid stoom groter wordt en uiteindelijk die enorme massa staal en ijzer vooruit laat bewegen op een manier die jij je bijna niet kon voorstellen toen je het vuur opstookte. Gebed doet hetzelfde. Er is een proces gaande voordat de uitkomst zichtbaar wordt; het punt is dat onze eenvoudige woorden niet krachteloos zijn, ze werken iets uit. Zij zetten de hemel aan tot actie.

In elk hoofdstuk van dit boek gebruik ik expres voorbeelden, zodat het makkelijker is om deze onzichtbare werkelijkheden te begrijpen en te verstaan. Gebed is moeilijk in woorden over te brengen, daarom kunnen plaatjes en voorbeelden heel goed helpen. Ik weet nog hoe een voorbeeld dat Charles Spurgeon gebruikte mij enorm geholpen heeft, toen hij duidelijk probeerde te maken hoe groot de liefde van Christus voor ons is. Spurgeon zei in een preek op 30 januari 1859 het volgende:

'Niemand van ons heeft ooit volledig begrepen hoe groot de liefde van Christus is die alle verstand te boven gaat. Filosofen hebben getracht de aarde tot in de kern te peilen, de planeten in kaart te brengen, het heelal te meten, de heuvels te wegen – ja, hebben de wereld zelf gewogen; maar dit is één van die onmetelijke, grenzeloze dingen, waar alles bij in het niet valt behalve de Oneindige zelf. Net zoals een zwaluw, die over het water scheert en er niet in duikt, zo raken alle beschrijvingen die een spreker gebruikt slechts het oppervlak, terwijl er onmeetbare diepten ver beneden ons bevattingsvermogen moeten liggen.' [5]

Ik vond dat voorbeeld van die zwaluw die over het water scheert zo verhelderend, omdat het laat zien hoe beperkt onze kennis is. Daarom wil ik in dit boek over gebed niet alleen woorden, maar ook voorbeelden gebruiken om te illustreren wat ik wil overbrengen. Onze emoties en de grond van ons hart moeten opengemaakt worden voor het zaad van het gebed, zodat het veilig wortel kan schieten en water kan opnemen.

Ik hoop dat dit boekje een aanmoediging is, en in de kerk op grote schaal een gebedshonger zal opwekken. Zoals ook

---

[5] C. H. Spurgeon, 'The Shameful Sufferer', 30 januari 1859 www.spurgeon.org/resource-library/sermons/the-shameful-sufferer#flipbook/

Spurgeon in het volgende citaat dat deed, toen hij zijn toehoorders aanmoedigde om met soortgelijke urgentie te reageren:

> *'Zeg tegen je voorganger: "Meneer, we moeten meer bidden." Dring er bij de mensen op aan om vaker te bidden. Houd een bidstond, zelfs wanneer jij alleen bent; en als dan aan je gevraagd wordt hoeveel er aanwezig waren, dan kun je antwoorden: "Vier." "Vier, hoezo dan?" "Wel, ik was zelf aanwezig, en God de Vader, en God de Zoon, en God de Heilige Geest; en we hebben werkelijk een rijke verbondenheid ervaren met elkaar." We hebben een uitstorting van echte toewijding nodig, want wat komt er anders van veel van onze kerken terecht?'* [6]

Dus ik hoop dat jij, tegen de tijd dat je dit boek uit hebt, je wilt inzetten voor deze revolutie in de wetenschap dat de vrucht van jouw gebeden en moeiten wellicht niet zichtbaar zal worden tijdens jouw leven, maar wel een blijvende en belangrijke verandering zal bewerken.

---

[6] C. H. Spurgeon, 'Paul's First Prayer', 25 maart 1855
www.spurgeon.org/resource-library/sermons/pauls-first-prayer#flipbook/

2
GREPPELS

SAMEN BIDDEN IS ALS HET GRAVEN VAN GREPPELS VOORDAT DE REGEN VALT

> *Toen sprak Elisa: "Dit zegt de Heer: Graaf in dit beekdal overal greppels. Want, zo verzekert de Heer, ook al bespeurt u geen zuchtje wind en geen druppel regen, toch zal dit beekdal vol water lopen. U kunt dan allemaal uw dorst lessen, u en uw kudden en uw lastdieren."'*
>
> 2 Koningen 3:16-18 (GNB)

Dit verhaal in het Oude Testament gaat over Gods volk dat verdeeld is; het heeft als volk van Jahweh compromissen gesloten met betrekking tot hun identiteit. Dit verval in hun geschiedenis bereikte een kritieke fase toen zij geconfronteerd werden met de koning van Moab, een machtige vijand. Heel hun bestaan stond opnieuw op het spel. Onder deze omstandigheden ontstond een bondgenootschap tussen de koningen van Juda, Israël en Edom. Soms brengt een ernstige dreiging een eenheid tot stand waarbij persoonlijke ambities, vooroordelen en agenda's aan de kant worden geschoven, en Gods kinderen bij elkaar komen om gezamenlijk God te zoeken. De kerkgeschiedenis lijkt aan te geven dat een beweging van God zich juist dan voordoet wanneer de geestelijke bodem zo droog is dat deze op een woestijn lijkt. Onder dergelijke omstandigheden gaat Gods volk ervaren hoe droog en schraal alles is en komt er opnieuw een openheid en ontvankelijkheid voor Gods Geest.

Maar zelfs met dit bondgenootschap tussen Israël, Juda en Edom was de kans op overwinning uiterst klein. De neergang en het verval waren dusdanig dat zij niet in staat waren het kwaad dat hun land overheerste zelf te overwinnen. Moab was veel te sterk, en alles wat zijzelf tot hun beschikking hadden kon daar niet tegenop.

In die situatie gaan zij op zoek naar profetisch inzicht. Ze wilden God vragen wat ze moesten doen en gingen daarom naar de profeet Elisa. Hun belangrijkste vragen waren: 'Kan God hier iets aan veranderen?', 'Wat wil God dat wij doen?' en 'Kan God ons helpen in deze uitzichtloze situatie?' Zij beseften dat ze veruit in de minderheid waren, omsingeld en geen enkele optie meer hadden, tenzij God iets aan de situatie veranderde.

Als wij nu naar de wereld om ons heen kijken, voelen we ons dan niet net zo? Wanneer we het nieuws zien, dan is de toestand voor de kerk (vooral voor de kerk in het Westen) hartverscheurend, ook al doen we met vereende krachten ons best. We hebben iets nodig waar niemand van ons over beschikt.

Nu de zaken zo staan, gaan zij op zoek naar God en kloppen aan bij de profeet Elisa. Uiteindelijk gaat hij op hun verzoek in, maar hij doet dat op een verrassende manier en zegt: 'Nu dan, breng een harpspeler bij mij.' Waarom is dat het eerste wat hij doet? In de voorafgaande verzen lezen we dat Elisa niet onder de indruk was van het leiderschap over het volk van God op dat moment. Hij respecteert de koning van Juda, maar hij toont totaal geen ontzag voor zijn eigen koning (Joram, de koning van Israël) die het volk niet leidde naar Gods wil. Elisa staat haast op het punt om hen de deur te wijzen, maar laat ons zien hoe we naar God moeten luisteren en niet naar onze eigen emoties.

Misschien vroeg hij om een muzikant zodat hij zich kon focussen op aanbidding. Elisa richt zich op God, en niet op de problemen. En als ze dan bij elkaar zijn, zet hij de boosheid die hij voelt opzij, en besluit hij niet te praten over de geslonken voorraden en de schijnbaar onoverkomelijke uitdagingen waarvoor zij staan. Hij wijst ze niet terecht over de politieke waanzin waarvoor zij verantwoordelijk waren. Hij richt zijn aandacht op God en terwijl de muzikant speelt, 'gebeurde het dat de hand van de HEERE over hem kwam'.

In de wereld waarin wij leven kunnen we God makkelijk uit het oog verliezen. Het is enorm belangrijk dat wij met een aanbiddend hart bij elkaar komen als we God zoeken in gebed. In de context van gebed is aanbidding belangrijk. We moeten aanbidding en gebed niet van elkaar scheiden. In bijeenkomsten die wij 'bidstonden' noemen, is vaak een veel grotere zalving (een prachtig ouderwets woord voor passie en vuur) in onze gezamenlijke gebeden, wanneer wij net als Elisa zeggen: 'Breng ons een harpspeler.'

Ik weet dat je denkt: dit boek ging toch over gebed? Maar als we bidden en graag Gods stem willen verstaan voor de dingen die urgent zijn op dat moment, dan is het belangrijk dat we ons niet focussen op al die urgente zaken, maar op God – dat we Zijn Heerschappij, Zijn Soevereiniteit en Zijn Majesteit erkennen. De aanwezigheid van bekwame muzikanten tijdens een bidstond is voor mij van cruciaal belang voor alles wat daar gebeurt. Ik vraag me af wat Elisa zou hebben gedaan als er geen harpspeler was geweest. Als wij bij wijze van spreken allemaal uitroepen: 'Breng ons een harpspeler', dan verandert er iets in ons perspectief en wordt geloof opgewekt. Voor we samen onze stem laten horen in gebed, moeten we samen lofzingen. Dat brengt een enorme wending in ons perspectief en voedt vurig en gelovig gezamenlijk gebed.

Een leger dat in de woestijn geen water heeft, loopt groot gevaar. Het voedsel (koeien, schapen & geiten) zou sterven van de dorst en de soldaten zouden zwak en kwetsbaar worden. Het probleem waarvoor deze legers dus staan, zelfs voor zij de strijd aangaan met Moab, is het gebrek aan water. Elisa zegt: 'Dit zegt de Heer: Graaf in dit beekdal overal greppels.' De ESV vertaling zegt: 'I will make this dry streambed full of pools'⁷ (Ik zal dit droge beekdal vol waterpoelen maken). Het nuanceverschil in de twee vertalingen versterkt het besef van partnerschap. Zij moesten greppels graven in het beekdal en op die manier voorbereiding treffen voor het werk dat God ging doen, zodat wanneer Hij het water bracht, dat effectief zou zijn. Elisa zei: 'Jullie moeten iets doen als voorbereiding op Gods handelen.' Dit is exact wat gezamenlijk gebed doet. Het treft voorbereidingen voor het handelen van God.

Laat dit voorbeeld je denken aansturen nu het gaat over gezamenlijk gebed. Gebed vereist, net als het graven van een greppel, intensieve arbeid. Het is hard werken. Het betekent op de bidstond verschijnen na een zware werkdag. Het houdt in dat je op een onmenselijk vroeg tijdstip van huis gaat terwijl het buiten nog donker en koud is en jij amper je eigen naam kunt herinneren, laat staan dat je je zou kunnen concentreren op een goed geformuleerd gebed. Het betekent een halve nacht bidden, het is figuurlijk zweten en daadwerkelijk zeggen: 'God, wij graven nu deze greppels door gebed en we

---

[7] 2 Kings 3:16 (English Standard Version).

vertrouwen erop dat U ze zult vullen met water!' Als God tegen ons zou zeggen: 'Graaf een paar greppels, dan kom Ik en geef Ik een opwekking in jullie land', dan denk ik dat we dat zouden doen ook al is dat hard werken, we zouden het doen vanwege Zijn belofte. We hebben dezelfde beloften ten aanzien van onze inzet in gezamenlijk gebed.

Mijn vriend Daniel Goodman is de leider van City Church Cambridge, en ik heb hem gevraagd hoe hij mensen aanmoedigt om aanwezig te zijn op onze *Enough* gebedsavonden. Zijn antwoord kan ons helpen:

'Deze avonden zijn belangrijke momenten. Daarom vraag ik of de gemeente echt haar best wil doen om aanwezig te zijn. Ik ben ervan overtuigd dat gebed krachtig is. Ik vraag bovendien of iedereen zo vroeg mogelijk wil komen, want ik wil graag dat zij er samen met de kinderen zijn. Ik vind het prachtig als mijn twee zonen zinvolle en leuke contacten opbouwen met volwassen christenen – het laat hen iets moois zien over de waarde van gebed en samenzijn. Maar het is niet alleen goed voor mijn kinderen, het is ook een zegen voor de hele gemeente die zich daadwerkelijk kan inzetten voor het discipelen van de komende generatie!

Ik weet dat het voor mensen die een baan hebben niet altijd gemakkelijk is om vroeg naar de Enough *avonden te komen. Maar ik dring er bij hen op aan om toch aanwezig te zijn.*

Mensen doen vaak grote moeite om aanwezig te zijn bij belangrijke gebeurtenissen. Soms kunnen kleine wijzigingen in je routine al ruimte scheppen om daar te komen waar je nodig bent. Zo ben ik zelf bijvoorbeeld een supporter van Arsenal FC. Als ik midden in de week een wedstrijd wil bijwonen, moet ik om van Cambridge naar Londen te reizen een uur eerder weg van mijn werk om gelijk de trein te pakken. Ik vind dat niet erg, want ik vind het de moeite waard. Hoeveel te meer is dat het geval met gebeurtenissen die eeuwigheidswaarde hebben zoals bijvoorbeeld gebedssamenkomsten? Het kan best zijn dat een paar kleine wijzigingen in de dagelijkse routine nodig zijn (een uur korter werken, een oppas regelen, de borrel op vrijdagavond overslaan enz.), maar de meeste mensen zouden dit kunnen doen als ze dat zouden willen.'

DE GROND-VERZETTENDE KRACHT VAN EEN TEAM

In films zien we soms hoe een spoorlijn of weg wordt aangelegd door een ploeg van aan elkaar geketende dwangarbeiders. We zien hoe zij in de hitte doorwerken en dat het zware werk makkelijker gaat wanneer er collectief in een bepaald ritme wordt samengewerkt. Als jij en ik beiden aanwezig zijn op de bidstond, heeft dat effect want we worden beiden bemoedigd door de 'grond die we verzetten'. Samen bidden is in de Bijbel de belangrijkste vorm van gebed.

Ik las een Twitterbericht van Eugene Peterson waarin hij zei: 'In de lange geschiedenis van de christelijke spiritualiteit, is gemeenschappelijk gebed belangrijker dan individueel gebed.'[8] Als er meer mensen gezamenlijk bidden, kunnen er meer greppels gegraven worden die God zal vullen met zijn antwoord op de nood die er is. We hebben allemaal wellicht andere capaciteiten en ervaringen met gebed. Sommigen hebben misschien het idee dat zij slechts met een speelgoedemmertje en schepje in de weer zijn, of hebben het gevoel dat hun aarzelende gebedjes meer lijken op een fiets die zijwieltjes nodig heeft om overeind te blijven. Misschien zijn er lezers die denken dat zij niet meer dan een vingerhoed of een eierdop hebben om grond te kunnen verzetten. Anderen denken wellicht dat zij de graafcapaciteit van een grote JCB machine hebben. Wat het ook is, ieder gebed maakt een verschil en hoe meer gebeden, hoe beter.

Of het nu een kind is of een volwassene, iemand die pas Christus heeft aangenomen of al jarenlang ervaring heeft, alles telt mee. Alles draagt bij aan het graven van de greppel, jijzelf,

---

[8] Tweet door Eugene Peterson: 6.43am, 19 juli 2015.

jouw gebeden en aanwezigheid zijn belangrijk als er gezamenlijk wordt gebeden! Ik denk dat Paulus dit op het oog had toen hij in 2 Korinthe 1:11 (NBV) schreef: 'En ook u bent ons tot steun door voor ons te bidden. Zo klinkt uit talloze monden de dankzegging voor de gunst die hij ons bewezen heeft' (cursivering van de auteur). Hoe meer mensen bidden, hoe meer greppels er gegraven worden, hoe effectiever de voorbereiding en de samenwerking is die voorafgaat aan Gods handelen.

Het graven van greppels verandert de dingen niet, alleen God verandert dingen. Maar net zoals in dit Bijbelverhaal het graven van greppels de weg bereidt voor wat God wil gaan doen, zo gebeurt dat ook op een soevereine manier als wij bidden; het maakt de weg vrij voor God om te doen wat Hij graag wil doen. Telkens als wij gezamenlijk bidden is het alsof wij met een graafmachine grond verzetten, waardoor er in het landschap ruimte vrijkomt voor een handelen van God; er ontstaat een greppel voor water, een plaats voor gebedsverhoringen.

Hetzelfde principe komen we tegen in Jesaja 54:2-3:

'Vergroot de plaats voor uw tent, laat men uw tentkleden wijd uitspannen, wees niet terughoudend, verleng uw touwen, sla uw pinnen vast. Want u zult zich rechts en links uitbreiden, uw nageslacht zal de heidenvolken in bezit nemen en de verlaten steden bevolken.'

Let op wat ze moeten doen: zij moeten de tent groter maken, wijd uitspannen, de touwen verlengen en de tentpinnen vast slaan. Waarom? Omdat God die tent wil uitbreiden en deze grotere tent wil vullen zodat de volken zullen weten dat Hij Heer is. God riep hen op om in geloof de handen uit de mouwen te steken voordat Hij de gecreëerde ruimte vulde. Gebed gaat om iets vooraf doen, aan wat God zegt dat Hij doen zal. Dat is de manier waarop gebed werkt. We bidden voor dingen die we nog niet hebben gezien.

Wanneer wij bidden, gebeurt er iets in de hemelsferen. Het is net zo reëel als de zichtbare dingen hier op aarde. In eerste instantie is het echter nog onzichtbaar, daarna wordt het openbaar wanneer dingen veranderen en 'op aarde zoals in de hemel' worden. Nu terug naar het verhaal van Elisa en de drie koningen. Vers 17 zegt het heel duidelijk:

'Want, zo verzekert de Heer, ook al bespeurt u geen zuchtje wind en geen druppel regen, toch zal dit beekdal vol water lopen. U kunt dan allemaal uw dorst lessen, u en uw kudden en uw lastdieren.'

God belooft dat Hij iets bovennatuurlijks zal doen, iets dat niet uitgelegd kan worden door het natuurlijke of door menselijk handelen. In het natuurlijke kunnen we zeggen dat een combinatie van 'wind en regen' gewoonlijk greppels doet vollopen met water. Als iemand een greppel aanwijst die door een flinke regenbui vol water staat, dan kunnen we zeggen: 'Logisch dat die vol staat. Het heeft gewaaid en geregend.' God zegt hier echter dat Hij de greppels zal vullen 'zonder' wind of regen. Hij zegt: 'Ik ga dit doen en je zult niet weten hoe het tot stand gekomen is, je zult alleen kunnen zeggen: "Dit moet God gedaan hebben", dat is mijn belofte.' Hoe God gebed beantwoordt kun je niet op een natuurlijke wijze uitleggen. Je kunt het niet uitleggen omdat het wonderlijk is en alleen de Heer doet wonderen.

In onze benadering van gebed moeten we ons niet alleen richten op de manier waarop onze cultuur denkt: rationeel, logisch en gebaseerd op ervaring. Efeze 3:20 zegt: 'Hem nu

Die bij machte is te doen ver boven alles wat wij bidden of denken, overeenkomstig de kracht die in ons werkzaam is'.

God is bij machte meer te doen dan wij zeggen, of met de tijd en de moeite die wij ons geven om iets tot stand te brengen. Wij brengen niet iets tot stand door een formule te volgen, het is eerder zo dat onze bijdrage bestaat uit gehoorzaam vragen en dat God de uitkomst bovennatuurlijk tot stand brengt. We weten dat als wij meer bidden, God meer zal doen en wanneer meer mensen bidden onze gebeden effectiever zijn. Maar dit is geen dynamiek die voortkomt uit een bepaalde formule, het is een relationele dynamiek, een partnerschap tussen God en ons om Zijn doel te bereiken op aarde.

Op één van onze *Enough* gebedsavonden, bad ik het volgende tijdens de livestreaming tussen alle hubs (en als je wilt, mag je daar zonder meer jouw 'amen' aan toevoegen…):

> *'Heer, deze avond nemen we heel serieus. Op allerlei verschillende manieren leren we hoe we moeten bidden, en met veel plezier experimenteren we met gebed, in het geloof dat het allemaal Uw hart raakt. Want Heer, we weten dat alles wat we doen in de kern een serieuze zaak is.*

We bidden voor mensen die verloren gaan. We bidden voor mensen waar we niet van weten of ze de dag van morgen nog zullen halen. Wij kunnen greppels graven door onze gebeden, maar alleen U kunt die vullen met water, alleen U – U bent de soevereine Heer – alleen U kunt zeggen: "Laat er zijn", en het was er! En wij geloven, we zijn ervan overtuigd dat Uw Woord ons zegt dat Uw goedheid ons tot bekering brengt – dat U vriendelijk en liefdevol en geduldig bent en niet wilt dat iemand verloren gaat, U wilt niet dat iemand verloren gaat.

We doen een beroep op Uw karakter en we doen een beroep op Wie U bent, en vooral op U zoals U zich aan ons hebt geopenbaard in de mens Jezus Christus. Die ons heeft laten zien Wie U bent – de hele volheid van God in menselijke gedaante. Jezus, U toonde medeleven met iedere mens, U was de vriend van zondaars. U raakte de blinden aan, genas de verlamden, U bracht vergeving voor hen die een zondig leven leidden. U bent dezelfde toen, vandaag en voor altijd. De Bijbel zegt dat U, toen U naar Uw Vader ging ons beloofde een Ander te sturen die net zoals U zou zijn. En U stuurde Uw Heilige Geest, en Hij doet precies zoals U, Hij doet dezelfde dingen die U zou doen als U nog op aarde zou zijn. Daarom vragen wij dat U, Heilige Geest, ons land en onze stad bezoekt, dat U de godloze generatie en de duizenden mensen aanraakt die het verschil niet weten tussen links en rechts en de naam van Jezus als Redder niet kennen, omdat ze het evangelie nog nooit hebben gehoord. Wij zijn Uw volk, en hebben Uw kracht nodig. Alleen U kunt doen wat wij niet kunnen.

Wij zijn gewillig, maar we vragen of U het water uit de hemel wilt geven dat de harten zacht maakt van buren, familie, collega's, politici en al de mensen die we tegenkomen. Maak de harten zacht zodat het zaad van het evangelie in goede grond valt en opkomt en vrucht draagt, 30, 60, 100-voudig. We vragen U om een beweging, we vragen of U iets wilt doen, o God! Heb genade o God! Kom over dit land met kracht. Zoals we dat lezen en er over gehoord hebben – doe dat ook in onze dagen.

We kunnen U niets anders geven dan deze schreeuw van ons hart en we brengen ons "amen" voor U. We zeggen Heer, zie vanuit de hemel hoe wij in al onze zwakheid greppels graven. Amen.' [9]

---

[9] www.vimeo.com/242567448

3
STRIJD

SAMEN BIDDEN IS ALS EEN GEWAPENDE STRIJD

'Bekleed u met de hele wapenrusting van God, opdat u stand kunt houden tegen de listige verleidingen van de duivel. Want wij hebben de strijd niet tegen vlees en bloed, maar tegen de overheden, tegen de machten, tegen de wereldbeheersers van de duisternis van dit tijdperk, tegen de geestelijke machten van het kwaad in de hemelse gewesten. Neem daarom de hele wapenrusting van God aan, opdat u weerstand kunt bieden op de dag van het kwaad, en na alles gedaan te hebben, stand kunt houden.'

Efeze 6:11-13

Het Oude Testament belicht vaak nogal opmerkelijke personen die zonder steun van anderen de overwinning behalen; Mozes verslaat farao, Simson verslaat de Filistijnen, en natuurlijk David die Goliath verslaat. Maar als we kijken naar het Nieuwe Testament, dan lijkt het accent te verschuiven van de gezalfde persoon naar het gezalfde lichaam van Christus; de kerk.

Onze westerse individualistische cultuur maakt dat wij de dingen vaak in het enkelvoud zien alsof ze alleen toepasbaar zijn op ons persoonlijk. Het is enorm belangrijk dat we inzien dat wij samen, de kerk, het lichaam van Christus vormen. Samen zijn we een koninklijk priesterschap, een heilig volk. In het Nieuwe Testament ligt de nadruk op onze eenheid. Onze strijd is effectief omdat we samen optrekken. De kerk zou niet op zoek moeten gaan naar enkele superhelden, nee, we moeten uitzien naar een verenigd en toegerust 'lichaam' – de kerk.

Het gaat hier over een gezamenlijke strijd. Waarom? De militaire geschiedenis leert ons dat wanneer een klein leger het opneemt tegen een veel grotere en beter bewapende legermacht, het kleinere leger meestal verslagen wordt of zich moet terugtrekken. Paulus vertelt ons dat we niet simpelweg te strijden hebben tegen vlees en bloed, iets dat we wel aankunnen omdat we op gelijke voet staan. Integendeel, we voeren strijd tegen enorme machten van het kwaad, die voor ons veel te groot zijn om op onszelf te kunnen verslaan. Een christen die vervuld is met de Heilige Geest kan in zijn eentje wel bidden en ook merken dat bij iemand anders de demonische verdrukking wordt weggenomen. Jezus deed dat zelf ook en leerde het zijn leerlingen, en Hij zei dat al zijn volgelingen toegerust zouden worden om met succes dezelfde dingen te doen.

Efeze 6 verwijst hier naar overheden en machten, grote demonische machten over gebieden, volkeren en culturen. Dergelijke dingen kun je niet alleen aanpakken. Dat zou dwaas zijn. Daarom staat er ook 'wij strijden'. Vaak zijn deze verzen in het verleden op de individuele christen toegepast. Natuurlijk, wees alert en bereid je voor op de strijd die jij persoonlijk te voeren hebt met de wereld, het vlees en de duivel. We mogen echter het duidelijk gemeenschappelijke karakter van deze verzen niet over het hoofd zien. Kijk maar, er staat 'wij', 'Want wij hebben de strijd niet…' Het is geen zwakheid om op de juiste wijze onze vijand te onderscheiden en te weten wanneer God niet wil dat we in bepaalde gevallen de strijd alleen voeren.

In Handelingen 12 ligt Petrus te slapen in de gevangenis. Dit was geen tijd van vrede en net als in tijden van oorlog gebruikelijk is, kwam ook nu het hele volk te hulp. Want toen

Petrus het buitengewoon moeilijk had, was er meer nodig dan zijn eigen gebeden in zijn persoonlijke stille tijd. Er werd met man en macht voor hem gestreden. Petrus had versterking nodig.

Koning Herodes Agrippa gebruikte 'geweld' tegen de kerk en de kerk ging toen 'geweld' gebruiken met een ander soort macht. Een macht die zo groot was, dat er een engel op bezoek kwam die Petrus op een wonderbaarlijke manier bevrijdde uit de gevangenis. Gebed is geen poging om iemand te vertroosten wanneer er een nederlaag dreigt, gebed is een machtig wapen. Wanneer de kerk bidt, brult de hemel en beven de demonen, maar wij zijn ons te vaak niet bewust van deze dynamiek. Toch is dit de realiteit, daarom zouden we gebed moeten gebruiken voor wat het is: een krachtig strijdmiddel.

Petrus zat in de gevangenis en de kerk bad voor zijn vrijlating. Zijn vrijlating kwam niet tot stand door zijn eigen gebeden (hij sliep zelfs terwijl anderen voor hem baden). Hij kwam vrij omdat de kerk gezamenlijk voor hem bad. Zij sloten hun schilden in gezamenlijk gebed aaneen voor Petrus en zagen dat hun strijd zijn bevrijding tot gevolg had.

Wanneer een gemeente te maken krijgt met ziekte, crises of andere onthutsende omstandigheden, dan is het ook in onze tijd van groot belang dat we als kerk tijd vrij kunnen maken om gezamenlijk te bidden. De agenda van onze gemeente mag nooit zo overvol zijn dat er geen ruimte meer is om op de juiste manier te reageren wanneer de vijand zijn slag wil slaan en onverwachte zaken zich voordoen. Geen enkel leger heeft ooit een veldslag gewonnen zonder de flexibiliteit om de wapens op te pakken wanneer de omstandigheden dat vereisten.

Ben Parish, de man die het oudstenteam in mijn eigen gemeente in Lowestoft leidt, geeft het volgende voorbeeld:

'In januari tijdens een gebedsweek van de kerk, kregen we het bericht dat bij Jimmi Clarke, één van onze gemeenteleden, onverwacht maagkanker was geconstateerd. Soms gebeurt het dat je gezamenlijk als gemeente bij elkaar moet komen, om net als een leger dat de vijandelijke linies bestormt, te bidden voor een doorbraak in een bepaalde situatie. Zo'n situatie deed zich nu voor. We stuurden iedereen bericht dat de laatste gebedsavond specifiek gebeden zou worden voor Jimmi en voor zijn genezing. Het was werkelijk fantastisch om te zien hoe onze kerkfamilie om hem heen stond en hoe vurig er gebeden werd voor het verdwijnen van de kanker en het herstel van Jimmi. Hoewel er op dat moment niet direct een wonder

gebeurde, getuigt Jimmi dat de strijdvaardige gebeden van zoveel vrienden, familie en christenen wereldwijd, hem en zijn familie gedragen hebben in die periode. Op dit moment is hij volkomen gezond, en dat is geweldig.'

We kunnen ons wellicht heel goed voorstellen dat de kerk zo positief reageert wanneer zij te maken krijgt met heftige of onverwachte gebeurtenissen. Toch moeten we ook in de aanvalsmodus blijven tijdens onze vaste tijden van gezamenlijk gebed.

HET TESTUDO EFFECT

Romeinse soldaten waren bijna niet te verslaan in de strijd. Dat kwam omdat ze gebruik maakten van een opstelling die zijn naam dankt aan de gewone schildpad. Deze opstelling staat bekend als de 'testudo' (schildpad) formatie, omdat de legionairs hun schilden dicht aaneengesloten hielden, waardoor het leek op de schaal van een schildpad. Zo eensgezind samenwerken als team had enorme voordelen als ze in de strijd waren, niet alleen voor de verdediging maar ook in de opmars.

Ik moet denken aan een heel bijzonder en indrukwekkend moment tijdens een bijeenkomst van een netwerk van leiders. We hadden allemaal verslag gedaan; het plaatselijk nieuws verteld en de gebedspunten gedeeld. Zelf had ik iets gezegd over het huidige seizoen dat mij zwaar viel, want ik ervoer een constante druk en voelde me enorm uitgedaagd. Daardoor was ik doodmoe, had weinig geestelijke energie of strijdlust en eerlijk gezegd was ik ook bang. Deze groep leiders kwam om mij heen staan en sprak met autoriteit tegen datgene waar ik tegen opgebokst had. Profetische woorden en krachtige proclamaties van overwinning werden uitgesproken. Op dat moment voelde en ervoer ik dat er een golf van geestelijk kracht over mij kwam die van een hogere orde was dan ik ooit zelf had kunnen opwekken. Ik had het gevoel dat er iets in de hemelse gewesten doorbroken werd. We hebben elkaar en de gebeden voor elkaar nodig… Testudo!!

Wanneer ik de vergelijking met het Romeinse leger nog even verder doortrek, dan is elke plaatselijke kerk een regiment dat Gods heerschappij en orde wil brengen in de samenleving, zowel op lokaal, regionaal, nationaal of zelfs internationaal niveau. Als wij een eigen 'gebeds-testudo' vormen is dat een sterk voordeel in onze geestelijke strijd voor de verbreiding van het evangelie waardoor mannen en vrouwen Christus leren kennen.

John Sutcliffe (van de baptisten gemeente in Olney) was een tijdgenoot van William Carey. Toen John sprak over de realiteit van geestelijke strijd en de noodzaak dit met gezamenlijk gebed aan te pakken, zei hij:

> *'...we moeten allemaal beseffen dat er in de wereld twee partijen zijn, en dat deze twee partijen tegenovergestelde bedoelingen nastreven; voor God of voor satan; voor heiligheid of voor zonde; voor de hemel of voor de hel. De vooruitgang van de één en de neergang van de ander, moet zonder meer het doel zijn van ieder die een echte vriend van God en mensen is (...) Oh, laat er overal waar mensen wonen duizenden, ja, duizenden kleine groepen ontstaan; in steden, dorpen, nederzettingen en buurtschappen. En laten zij allemaal op dezelfde tijd samenkomen voor hetzelfde doel en hun gebeden gezamenlijk offeren als evenzoveel lieflijke geuren voor de Allerhoogste Heer.'* [10]

---

[10] John Sutcliffe, voorwoord van Jonathan Edwards' 'An Humble Attempt' in Edward Hickman (ed.) *The Works of Jonathan Edwards Vol 1 & 2.* (Banner of Truth Trust, 1974) pag. 432.

In onze gemeente hebben wij als oudstenteam het plan opgevat om elke vrijdag tijdens lunchtijd samen een uur te bidden. Niet iedereen kan er altijd zijn, maar zij die wel kunnen komen, vasten dat uur en we bidden samen dat God zal handelen. Probeer je eens voor te stellen hoe groot de impact zou zijn als meerdere leidersteams in kerken dat ook zouden doen. Wat zou er gebeuren als met een minimum aan organisatie, planning en infrastructuur, de vrijdagse lunchtijd op diverse plaatsen gewoon een uur van bidden en vasten zou worden, waarop God gevraagd wordt om te handelen. En wat zou er gebeuren als dit zich landelijk zou uitbreiden?

De essentie van gezamenlijk gebed als strijd, komt prachtig tot uiting in het lied 'There's an army rising up, to break every chain'[11] (Er staat een leger op dat alle boeien zal verbreken). De schilden van een testudo formatie zijn ook defensief. Vaak werden ze in water ondergedompeld zodat de brandende pijlen die erop afgevuurd zouden worden, uitdoofden. Efeze spreekt over het uitblussen van de 'vurige pijlen' van de vijand.

---

[11] Will Reagan en United Pursuit, 'Break Every Chain'. Uit het album *In the Night Season*, 2009.

De schilden zorgden voor een strategische voorsprong die één strijder alleen nooit kon behalen.

We merken soms dat er iets dergelijks gebeurt wanneer we met anderen samen bidden; plotseling komt er iets anders op gang. Wanneer we gezamenlijk bidden en elkaar helpen, en 'be-amen' wat anderen in gebed vragen, komt er een kracht vrij die niet van onszelf afkomstig is. Dat is de bewapening van de Heilige Geest: er komt versterking aan bij een belaagde, belegerde voorpost van de hemel.

Wij, als leiders van *Relational Mission*, dachten een paar jaar geleden dat het goed zou zijn om gebedsavonden te organiseren voor alle gemeenten van onze kerkfamilie. We begonnen als regionale centra drie keer in het jaar bij elkaar te komen; op verschillende locaties, maar op dezelfde datum en hetzelfde tijdstip om te bidden voor dezelfde dingen. Dit initiatief dat de naam *Enough* kreeg, heeft zich sindsdien uitgebreid. En op het moment dat ik dit schrijf merken we dat niet alleen de *Relational Mission* kerken mee willen doen. Ook anderen tonen belangstelling. Dit initiatief kwam tot stand na een aanwijzing van God om met velen bij elkaar te komen, en naar mijn bescheiden mening is het prachtig wanneer er steeds meer mensen bij komen, hoe meer hoe beter.

De duivel probeert de strijd die gaande is te verbergen. Als hij ons ervan kan overtuigen dat het vredestijd is terwijl we in werkelijkheid in een oorlog verwikkeld zijn, dan heeft hij tactisch gezien een grote overwinning behaald. Satan is een ondermijnende, behendige en verborgen vijand die echter altijd aanwezig is. We zullen winnen als we de machten van de duisternis bevechten, maar doen we dat niet, dan zullen we vermijdbare verliezen lijden. Zo gaat het in de oorlog. Soms hebben we misschien het gevoel dat we in aantal overtroffen worden en in schietkracht worden overweldigd. De duivel en zijn legermachten zijn sterker dan wij mensen. Maar wij hebben alle hulp- en krachtbronnen van de Heilige Geest tot onze beschikking; Hij helpt ons bidden en bewerkt het antwoord op onze gebeden. We vechten niet met menselijke kracht, nee, we hebben hulpbronnen die ergens anders vandaan komen.

'Wanneer een klein kind geconfronteerd wordt met een vijand of een gevaarlijk beest, is het niet goed om op eigen kracht te vertrouwen, het moet gelijk naar zijn ouders rennen; hetzelfde gaat op voor een heilige die belaagd wordt door geestelijke vijanden, hij kan beter niet op zichzelf vertrouwen maar rennen naar Christus.' [12]

Gebed werkt omdat we in gehoorzaamheid doen wat ons opgedragen is (namelijk vragen aan de Heer) én omdat we daarbij een beroep doen op Degene die niet alleen in staat is om alles te doen wat we vragen, maar zelfs meer dan wij kunnen vragen of bedenken (Efeze 3:20 GNB). Samen bidden stelt ons in staat om in geloof voor de troon van God te komen zelfs ook op die momenten waarop we ons moe en zwak voelen, of niet goed in ons vel zitten. We nemen elkaar mee.

Soms voelt vragen om gebed wat ongemakkelijk, vooral als je een leider in de gemeente bent. Toch vraagt Paulus vaak in zijn brieven aan de gemeenten of zij voor hem willen bidden.

---

[12] Jonathan Edwards, 'A treatise concerning religious affections in three parts', Part 3 Section IX – 'Gracious affections soften the heart, and are attended with a Christian tenderness of Spirit' in Edward Hickman (ed.), *The Works of Jonathan Edwards Vol 1.* (Banner of Truth Trust, 1974) pag. 308.

In 2 Korinthe 7:5 (NBV) schrijft hij: 'Toen we in Macedonië kwamen, vonden we geen rust maar werden we van alle kanten belaagd: van buitenaf door vijanden, van binnenuit door zorgen.'

Daarom vroeg Paulus ook dikwijls gebed voor zichzelf. Hij wist dat hij tegenstand ondervond van overheden en machten die veel groter waren dan hij alleen aankon.

> '…terwijl u ons ook mede te hulp komt door het gebed, opdat door velen dankzegging voor ons gedaan wordt voor de genadegave die door velen tot ons is gekomen.'
> 2 KORINTHE 1:11

Hij was zich ervan bewust dat het voor het welslagen van zijn apostolische missie nodig was dat velen regelmatig en voortdurend in gezamenlijk gebed voor hem zouden bidden.

Telkens wanneer iemand of een team zich voorbereidt op de verovering van nieuw grondgebied, of dit nu gaat om het starten van een kerkplant, het begin van een nieuwe koninkrijksbediening voor de plaatselijke gemeenschap, het opkomen voor koninkrijkswaarden op de werkvloer of in groter verband; we hebben het testudo-effect nodig. We kunnen de pioniers niet vragen om op pad te gaan zonder strategisch gezamenlijk gebed, zij hebben de steun van gebedsstrijders nodig om vooruitgang te kunnen boeken.

Soldaten die samen vochten op het slagveld, werden 'wapenbroeders' of 'strijdmakkers' genoemd. Zij ontdekten namelijk dat tijdens het gevecht een bijzondere band ontstond, een heel diepe toewijding aan elkaar én aan het doel waarvoor zij streden. Een dergelijke levenslange verbondenheid ontstaat vaak tussen mensen die voor hun leven afhankelijk zijn van elkaar en daarbij dezelfde dingen nastreven. Iedere gemeente die kerken heeft uitgeplant of initiatieven heeft ontwikkeld in een bepaald land, of een groot bouwproject heeft ondernomen, is zich bewust van de enorme gezamenlijke inzet die in gebed nodig was om al deze zaken op te starten en tot bloei te brengen. Zulke 'gevechten' creëren een diepe verbondenheid in de gehele gemeente.

Soms lijkt het of we terrein zijn kwijtgeraakt, of een belangrijk stuk grond verloren hebben. Soms bidden we en verandert de situatie niet, of lijkt het alleen maar slechter te gaan. Niet alle veldslagen worden meteen gewonnen. We moeten leren leven met omstandigheden die lijken op oorlogssituaties als er gewonden vallen en tegenslagen zijn.

GEBED IS ZWAAR GESCHUT

Tegenslag, een ogenschijnlijke nederlaag of uitstel, moeten we op dezelfde manier benaderen als een leger dat zou doen. We voelen de impact, evalueren de situatie, hergroeperen ons, heroverwegen en doen daarna wat nodig is. Vaak gebeurt het dat een bolwerk dat onoverwinnelijk lijkt en vele aanvalspogingen heeft weerstaan, toch op een dag zwicht voor hen die zeker zijn van de zaak waarvoor zij vechten en zonder ophouden, moedig en onwrikbaar vertrouwen op de hulpbronnen die zij hebben. Geef nooit op.

> *'Blijf bidden en blijf daarbij waakzaam en dankbaar. En bid dan ook voor ons, dat God deuren voor ons opent om het mysterie van Christus te verkondigen waarvoor ik gevangenzit.'*
> KOLOSSENZEN 4:2-3 (NBV)

De realiteit is dat het helemaal zeker is dat de oorlog is gewonnen. Jezus heeft de overwinning al zeker gesteld. We strijden nu met Hem om de overwinning tot stand te brengen die Hij aan het kruis heeft behaald. Zodat het 'op aarde zoals in de hemel' zal zijn. Er is nog heel wat grondgebied te veroveren voor Hem, met Hem en door Hem – harten die zich één voor één overgeven aan de Redder.

Als we de Bijbelse beeldspraak over geestelijke strijd ter harte nemen, moeten we ons realiseren dat ons gebed inderdaad zwaar geschut is. Dat hoort in de frontlinie thuis en niet in de kantine. Als wij het gevoel hebben dat we belaagd worden door de ons omringende cultuur, dan krijgen we als we bidden juist het besef dat het omgekeerde waar is. In feite bestormen wij de bolwerken van 'godloosheid'. Hoe staat het met de gebedsstrategie in jouw gemeente? Staat het zware geschut in de frontlinie?

Uiteindelijk is ons geloof niet gevestigd op ons gebed maar op de kracht en de autoriteit van Christus, die al onze vijanden onder Zijn voeten heeft verpletterd en dat nog verder zal doen. Gebed betekent partners worden met Christus. Christus heeft de mens verlost en hem opgewekt om samen met Hem te regeren en te heersen. We hebben nu met Christus een plaats gekregen in de hemelse gewesten. We delen in Zijn erfenis. Christus is onze oudere broer. We behoren bij het 'familiebedrijf'. Vanuit die positie regeren en heersen wij met Hem.

Als Zijn mede-erfgenamen hebben we daarom het voorrecht en het recht om Hem in gebed dingen te vragen. Gebed is het middel dat Christus ons gegeven heeft waardoor in elke situatie Zijn kracht en autoriteit vrijkomt. Gebed maakt het mogelijk dat er in de strijd een soeverein partnerschap is, maar dat is niet op ons initiatief, het is eerder ons antwoord op onze bevelhebber, de kapitein van het leger, de Heer der heerscharen.

> *'Dit zegt de HEER: Jullie hoeven niet bang te zijn voor de grote legermacht die jullie bedreigt, want dit is niet jullie strijd, maar die van God.'*
> 2 KRONIEKEN 20:15 (NBV)

De strijd is in werkelijkheid van de Heer. We zitten niet gevangen in een soort dualisme waarbij de uitkomst onzeker is. We hoeven God niet over te halen om ons te helpen en om voor ons te strijden terwijl Hij daar eigenlijk helemaal geen zin in heeft. Hij is zich er meer van bewust en meer bij het gevecht betrokken dan wij dat ooit zullen zijn. Hij vocht aan het kruis en behaalde de overwinning. Wij gaan nu mee in de onstuitbare voortgang van Zijn koninkrijk zoals dat vorm krijgt onder alle volken terwijl Hij zijn koninkrijk vestigt en alles onder zijn voeten brengt. Wij vragen van Christus en Hij komt ons te hulp als onze Verlosser.

4
VUUR
SAMEN BIDDEN IS ALS HET AANSTEKEN VAN VUUR

'En toen de dag van het Pinksterfeest vervuld werd, waren zij allen eensgezind bijeen. En plotseling kwam er uit de hemel een geluid als van een geweldige windvlaag en dat vervulde heel het huis waar zij zaten. En aan hen werden tongen als van vuur gezien, die zich verdeelden, en het zat op ieder van hen. En zij werden allen vervuld met de Heilige Geest en begonnen te spreken in andere talen, zoals de Geest hun gaf uit te spreken.'
HANDELINGEN 2:1-4

Eén van de mooiste dingen van het winterseizoen is voor mij het aansteken van de kleine houtkachel in ons huis en genieten van de warmte daarvan. Vuur heeft iets fascinerends en betoverends. Het verwarmt niet alleen je lichaam, maar vaak ook je gedachten en gevoelens. Een goed vuur heeft de juiste brandstof nodig, het vraagt ook wat tijd en voorbereiding om het hout goed neer te leggen en het vuur op gang te brengen. En om optimaal vlam te vatten, is rondom ook ruimte nodig. Het duurt even voor het mooi brandt.

Ik geloof dat wij in de westerse kerk opnieuw een cultuur moeten ontwikkelen van gezamenlijk gebed. Het is geen gebeurtenis. Het is een proces. Je kunt het niet overhaasten. Je zou kunnen zeggen dat het hout nat is geworden en dat het eerst goed moet drogen. Soms vraag ik me af of ik tijdens mijn leven nog wel echt met eigen ogen het vuur zal zien dat God volgens mij wil ontsteken. Maar of ik het nu wel of niet zal meemaken is niet belangrijk, ik ben al gelukkig als ik (bij wijze van spreken) een kleine 'aansteker' mag zijn.

Net zoals het vuur in mijn kleine houtkachel wat voorbereiding en geduld vraagt en de juiste brandstof nodig heeft, zo geldt dat ook voor een bidstond. Voorbereiding, geduld, brandstof en ruimte eromheen zijn nodig zodat vlammen en warmte zich kunnen verspreiden. En dan heb ik het niet over het opkloppen van emotie. Ik bedoel eigenlijk te zeggen dat er een manier is om de Heilige Geest de ruimte te geven zodat Hij gebedssamenkomsten kan gebruiken om te doen wat Hij wil.

Hoe gaat dit in zijn werk? De tekst aan het begin van dit hoofdstuk laat iets zien van de wisselwerking die er is tussen God en mens als het gaat om gebed. Mensen zetten zich ertoe om te bidden en God antwoordt met een blijk van zijn aanwezigheid. Het is belangrijk dat we niet alleen het onderwijs en de praktijk over de doop met de Heilige Geest vasthouden, we moeten mensen ook leren hoe zij voortdurend vervuld blijven. Hoe meer we weten van de Heilige Geest en bekend zijn met Zijn werkwijze, hoe makkelijker een bidstond door de Geest aangestuurd wordt. De doop met de Heilige Geest moet zeker het gezamenlijke gebedsleven van de kerk beïnvloeden.

Een bidstond is een prachtige gelegenheid om te leren hoe de gaven en de bedieningen van de Geest tot uiting kunnen komen. Tijdens de samenkomsten op zondagmorgen, die meestal veel meer structuur en voorbereiding vragen, is dat veel lastiger. In mijn beleving zijn bidstonden veel minder gestructureerd en is er veel meer ruimte voor de merkbare aanwezigheid van God.

VUUR BRENGT ROMMEL MEE

Gezamenlijk gebed is rommelig, stoffig en moeilijk ordelijk te houden. Vuur brengt rommel mee, vooral als de vonken in het rond vliegen. Sommige bijdragen zijn niet helemaal zuiver en voelen af en toe ook ongemakkelijk. Als we de kerk zo steriel gemaakt hebben dat alles er steeds pico bello uitziet, zijn we niet alleen de ongepolijste interactie met God kwijtgeraakt maar ook wat het inhoudt om met elkaar familie te zijn, en daar gaat het in de kerk in wezen om. De kerk is geen theatervoorstelling, het is geen bedrijfspresentatie met een toespraak van de hoofdspreker. Het is een samenzijn als familie, meer een familiediner tijdens de kerstdagen dan een formeel galadiner met de daarbij vereiste avondkleding.

Vuur is niet heel keurig of voorspelbaar, vuur brandt en verteert. Als jij het voorrecht hebt om leiding te geven aan een bidstond, dan wil ik je aanmoedigen om missers en afdwalingen in de bidstonden gewoon te laten gebeuren. Maak je geen zorgen om bijdragen die niets te maken hebben met het onderwerp waar alle anderen voor bidden. Laat het gewoon gebeuren en ga verder. Het is gemakkelijker werken met een kerk die passie heeft maar daarbij wel aansturing nodig heeft, dan met een kerk die ordelijk is maar waar de passie ontbreekt.

In mijn ervaring groeien mensen het meest in hun passie voor Christus en voor wat Hij wil, en in het herkennen van en reageren op de werking van de Geest, door ze te betrekken bij gezamenlijke gebedsbijeenkomsten. Leiders, kerkplanters, evangelisten, mensen met een hart voor de armen en profeten kunnen allemaal geboren worden tijdens een bidstond. Wanneer de aanwezigheid van God duidelijk merkbaar is tijdens een bidstond, werkt dat zonder meer iets uit in hen die aanwezig zijn. En als gebed verhoord wordt werkt het ook iets uit in hen die niet aanwezig waren. Het is een win-win situatie. In een bidstond leren mensen bidden en zij leren, gewoon door er te zijn, zorg te dragen voor de dingen die God belangrijk vindt. Vuur steekt ander hout aan, zelfs vochtig hout sist een beetje en vat op een bepaald moment vlam. Kerken die het charismatische leven misschien een slap gedoe vinden, kunnen soms tot de ontdekking komen dat zij nieuwe kracht ontvangen door gebedsbijeenkomsten te houden in hun kerkgebouw.

De buitenkant van mijn houtkachel is van metaal, daarom is hij veilig. Een vuurtje stoken op het vloerkleed zou gevaarlijk zijn. Een ongecontroleerd vuur laat je huis in vlammen opgaan. Leiderschap en gezag zorgen terecht voor een veilige plek waar vuur aangestoken kan worden en ook veilig hoog op kan laaien. Goed en door God aangewezen leiderschap zorgt voor grenzen die het mogelijk maken om een mooi vuur te stoken waardoor mensen wel licht en warmte ontvangen maar geen brandwonden oplopen.

Het voorbereiden van een bidstond is enorm belangrijk: inhoud, timing, tempo, leiderschap en de voortgang van de bijeenkomst zijn cruciaal. Niemand gaat op zondagmorgen naar de kerk zonder dat er iets vaststaat over inhoud, vorm en tijden van de samenkomst. Waarom gaan we er dan vanuit dat gebedssamenkomsten minder aandacht en focus vragen? Het leiden van een bidstond vraagt om uitstekend geestelijk leiderschap van hen die daar verantwoordelijk voor zijn. Onder bekwaam leiderschap krijg je bijna het gevoel dat er niets geleid wordt, omdat de overgang van de onderwerpen zonder haperen gaat en de bijeenkomst als vanzelf lijkt te gaan.

Hope Church in Ipswich is een gemeente die gezamenlijk gebed weer hoog op de agenda heeft gezet. Ik laat Ton Scrivens, de leidinggevende oudste van Hope Church, aan het woord:

> *'De afgelopen jaren is Hope Church behoorlijk gegroeid. Toen we overgingen op twee samenkomsten, baden wij als leiders en we zochten God om leiding voor de lange termijn. We hadden de indruk dat we Hem moesten vragen of we soms een grotere samenkomstruimte moesten zoeken. Er stond bijna geen geld op de bank, we konden dus niet anders doen dan bidden en zo begonnen we aan een traject van gezamenlijk gebed.*
>
> *In januari 2016 begonnen we met onze Gebed & Visie avonden op elke eerste woensdag van de maand. Dit werd alleen onderbroken door de "Enough" gebedsavonden. Andere wekelijkse samenkomsten van groepen werden afgezegd, zodat zoveel mogelijk mensen aanwezig konden zijn op de Gebed & Visie avonden. Groepen die toch in die weken bij elkaar kwamen riskeerden de toorn van de oudsten!*
>
> *Van af en toe een gebedsavond waar maar een paar dozijn mensen op af kwamen, zien we nu zo'n 100 mensen op onze Gebed & Visie avonden. En hoewel we hopen dat er steeds meer mensen bij zullen komen, hebben we ook gemerkt dat de honger van de gemeente om gezamenlijk te bidden enorm is toegenomen. En ondertussen hebben we gezien dat God in antwoord op ons gebed een aantal ongelooflijke dingen heeft gedaan!*

We vonden het enorm belangrijk dat in de zondagse preek de visie voor deze avonden werd doorgegeven. Gemeenteleiders moeten realistisch zijn als het gaat om "mededelingen" – meestal betekent het dat de gemeente op non-actief gaat, omdat de details van data en evenementen al ergens anders te vinden zijn. Het strategisch plannen van de preken bleek cruciaal en op de zondag voor de gebedsavond preken we bijna altijd over gebed, waarbij we ook een oproep doen om aanwezig te zijn op de Gebed & Visie avond zelf.

Op allerlei manieren hebben we dit onder de aandacht gebracht, en dat heeft bijgedragen aan de dynamiek van deze avonden. We hielden onze gebedsavonden in de grote zaal (200 zitplaatsen) en met de volledige band om de lofprijzing te leiden voor we gingen bidden. Dit liet de gemeente zien dat we verwachtten dat er veel mensen zouden komen. Als we in een kleinere zaal bij elkaar zouden komen met slechts een paar muzikanten, zou dat een heel andere boodschap overbrengen.

In de loop van deze twee en een half jaar hebben we heel wat ervaring opgedaan met vurig gebed en we merken dat het werkt! Onlangs hebben we de manier waarop we als groepen bij elkaar kwamen gewijzigd, en dat had tot gevolg dat ons schema van Gebed & Visie avonden is gewijzigd. Toch zijn we er meer dan ooit van overtuigd dat het juist deze "evenementen" zijn die onze kerk echt op weg helpen in Gods plan – ze zijn absoluut onmisbaar!'

GEBED AANVUREN

We zouden al snel kunnen denken dat vuur en structuur niet samengaan, maar dat is niet het geval – het plannen van gebed zou het vuur juist moeten aanblazen en niet uitblazen! Ik trek de vergelijking met vuur nog even door (misschien stop ik halverwege, maar je begrijpt wat ik bedoel): vuur ontvlamt pas goed wanneer het hout niet vochtig maar droog is. Een bidstond komt goed op gang wanneer de harten open en voorbereid zijn op het handelen van God in de verwachting dat God aanwezig is. Vuur wordt groter wanneer het aanmaakhout rondom het aanmaakblokje goed gerangschikt is. Een bidstond verloopt goed wanneer er vooraf een stevige gebedsagenda is gemaakt. Timing is belangrijk, laat het groter worden, blaas het vuur aan, zet de ventilatieklep open zodat het vuurtje groter wordt en beter gaat branden. Soms vraagt het wat tijd voordat het goed vlam vat. Het vuur kan zelfs af en toe doven en heeft vooral in het begin wat extra aandacht nodig. Deze dynamiek geldt niet alleen voor elke gebedsbijeenkomst, het geldt ook voor de opbouw van een gebedscultuur in een kerk die in beweging is. Het vraagt geduld, tijd, methodiek en focus, maar gebed zal als het eenmaal aangestoken is, zich verspreiden, net zoals vuur dat doet.

Vaak kunnen we onszelf al biddend tot gebed aanzetten. Ik herinner me de vele keren dat ik in de winter vroeg in de morgen nog half slapend het huis uitliep en nog steeds niet goed wakker was wanneer de bidstond begon. Maar ik heb meer dan eens gemerkt dat als het vuur warmer wordt, er een moment komt waarop iemand iets 'uitbidt' waardoor ook iets in mijn geest tot leven komt, en vaak ervaren alle anderen blijkbaar hetzelfde. Ik ben niet de enige die zo iets ervaren heeft. Lees maar wat Daniel Goodman van City Church Cambridge zegt:

> *'Van bidden heb ik nooit spijt gehad. Ik zeg niet dat ik het soms niet moeilijk vind of dat ik af en toe niet de neiging heb om thuis te blijven, maar wanneer ik eenmaal gebeden heb, ben ik altijd blij dat ik toch ben gegaan. De beste gebedsbijeenkomsten die ik heb meegemaakt waren die tijden van gebed waarin je het gevoel hebt dat iedereen op hetzelfde spoor zit. Misschien zou je beter kunnen zeggen dat iedereen in dezelfde richting wordt getrokken. Ik vermoed dat dit gebeurt wanneer alle aanwezigen echt eensgezind van hart zijn. Misschien ken je niet iedereen, of spreek je niet allemaal dezelfde*

taal, maar je weet dat je samen dezelfde reis maakt en de gebeden komen daar haast vanzelf uit voort.

Je kunt op zoveel creatieve manieren bidden! Met groot plezier denk ik dan terug aan die keren dat we samen baden op een heel andere manier dan ik gewend ben! Wij hebben tijdens gebedsbijeenkomsten gebruik gemaakt van de volgende zaken: briefkaarten, plaatjes, papieren vliegtuigjes, een zak gemengd snoep en puzzels, om maar wat te noemen!

Het is ook heel bemoedigend om te zien hoe jouw gebeden heel direct effect kunnen hebben. Het gebeurde op een keer dat iemand tijdens de gebedsbijeenkomst de indruk kreeg dat we acuut voor een gezin in Zweden moesten bidden. Later hoorden we dat dit hele gezin vijf minuten nadat we gebeden hadden, betrokken was bij een ernstig auto-ongeluk, maar dat alle gezinsleden (inclusief de zwangere moeder!) veilig waren. Zo werkt de kracht van gebed op een moment in het leven waarop dit dringend nodig is!'

We kunnen leren waar we op moeten letten en hoe we de lijn kunnen volgen die zich gaandeweg ontwikkelt. Er wordt een onderwerp aangedragen, een lied wordt gezongen, een geestesgave (klanktaal, profetie) komt tot uiting: de Heilige Geest laat iets zien. Iemand bidt, anderen ervaren in hun hart een 'amen', een last, een emotie voor het thema waarvoor gebeden wordt. Iemand anders gaat op dit onderwerp door, het wordt luidruchtiger terwijl de 'amens' met meer kracht volgen. De gebeden springen op als vlammen door de vonken die overslaan. Iemand bidt voor het eerst hardop, met als gevolg dat de intensiteit van de gebeden nog meer toeneemt. Er wordt een ander lied ingezet dat aansluit op het thema, alle aanwezigen beginnen hardop mee te bidden in hun eigen taal of in klanktaal als mensen geen woorden meer kunnen vinden om te zeggen wat ze in gedachten hebben.

Net als Paulus beginnen zij te bidden met hun geest, en dan zowel met hun verstand als met wat boven hun verstand uitgaat. Alles vloeit samen. Dan valt er een stilte, we wachten, pauzeren, er is verwachting en reflectie. Er wordt een ander onderwerp genoemd door degene die de gebedsbijeenkomst leidt, en steeds sneller pakken de gebedsvlammen het thema op. Steeds weer herhaalt zich dit patroon: dankzegging, lofprijs, smeekbeden en voorbede, vragen, vragen, vragen. De tijd vliegt om. Dát is nu een gebedsbijeenkomst!

Ik heb een paar prachtige gebedsbijeenkomsten meegemaakt waar de aanwezigheid van God op een heel bijzondere manier te merken was, ze staan in mijn geheugen gegrift. Eén daarvan was in Kenia. Ik heb zelden zo'n intense tijd van voorbede meegemaakt. Dit was niet iets wat opgepept werd. Het begon op een heel rustige manier zoals onze analogie van vuur dat aangeeft. Maar op een bepaald punt leek het alsof er iets in de gebedsruimte losbarstte, wat misschien voor het gevoel wel uren leek door te gaan, maar in werkelijkheid wellicht zo'n 15 minuten duurde, waarin alle aanwezigen vurig God aanriepen.

In die luidruchtige context sprak God heel diep en persoonlijk tegen mij over iets dat Hij wilde dat ik samen met Hem zou doen. Ik vind het altijd verbazingwekkend dat God, zelfs als er veel herrie is, in staat is om met een kleine stille stem te spreken! De kerk op het zuidelijk halfrond en in het Oosten kan de kerk in het Westen heel wat leren over gebed. En dan gaat het er niet om dat wij hun stijl van bidden overnemen, het gaat om het overnemen van hun waarden. Zij die geloven in gebed, bidden! Het Westen is over het algemeen genomen doordrenkt en afhankelijk van het logische, het proefondervindelijke, het intellectuele. Veel te veel van ons westerlingen vinden het moeilijk om met de geestelijke kant van de dingen rekening te houden. Misschien moeten er een paar culturele bolwerken in ons denken worden afgebroken.

5
ORKEST
SAMEN BIDDEN IS ALS EEN ORKEST DAT MUSICEERT

'Blaas de bazuin in Sion,
kondig een vastentijd af,
roep een bijzondere samenkomst bijeen.
Verzamel het volk,
heilig de gemeente,
breng de oudsten bijeen,
verzamel de kleine kinderen
en de zuigelingen.
Laat de bruidegom uit zijn binnenkamer gaan,
de bruid uit haar slaapkamer.'

JOËL 2:15-16

In mijn studeerkamer ligt een kleine stemvork tussen al mijn boeken, papieren, laptop en alle andere dingen. Ik geloof dat hij de toon A aangeeft. Die stemvork ligt daar om mij eraan te herinneren dat de Heer van mij vraagt, dat als ik mijn best doe om de kerk te dienen, ik dat moet doen in overeenstemming met de Schrift én het werk van de Heilige Geest. Of het nu gaat om onderwijs, opbouw, praktijk, woord, voorbeeld of bemoediging, Hij wil dat al mijn dienstbetoon aan de kerk daarop is afgestemd. Iedereen die wel eens een band live heeft horen spelen, weet hoe belangrijk het is voor een mooie melodie dat er onderling zuiver wordt afgestemd.

Ik houd van praktisch alle soorten muziek, maar vooral van jazz. Dat is de soort muziek die volgens mij het best de samensmelting weergeeft van onveranderlijke principes en individuele creativiteit. Bij jazz moeten alle muzikanten in dezelfde toonsoort spelen. Maar iedere jazz muzikant krijgt ruimte om te improviseren en alle anderen begeleiden dan degene die op dat moment de leiding neemt. Ze improviseren niet allemaal tegelijkertijd, tijdens het stuk dat ze spelen wordt om beurten de leiding overgedragen aan een ander.

In een symfonie laat de dirigent afwisselend verschillende instrumenten spelen. Soms eist een solo onze aandacht op. In Joël waar we lezen: 'blaas de bazuin', ging het om een duidelijke oproep tot een samenkomen, dus eerder een gedeelte in de symfonie waarin anderen worden uitgenodigd om mee te spelen dan iets tot meerdere glorie van de solist. Soms lijkt het of een dirigent alle instrumenten wil inbrengen in een krachtig crescendo boordevol emotie, harmonie, ritme en melodielijnen. Dat doet denken aan Handelingen 4 waar allen gezamenlijk hun stem lieten horen en het uitriepen tot God. Op een of andere manier waren hun gebeden zo eensgezind, dat je de strekking in één zin kon samenvatten: 'Heere! U bent de God Die de hemel en de aarde en de zee gemaakt hebt'.[13]

De metafoor van meerdere muzikanten die samen muziek maken, laat prachtig zien hoe een goede bidstond niet alleen kán zijn, maar ook zou moeten zijn – gevoel, inhoud, dezelfde toonsoort, hetzelfde tempo, in eenheid en harmonie, eenparigheid qua inhoud en stijl. Het is opvallend dat Jonathan Edwards al die wijdverbreide gebedsbijeenkomsten een 'concert van gebed'[14] noemt. De vergelijking met muziek kwam hem niet vreemd voor. Als we deze beeldspraak van

---

[13] Handelingen 4:24.
[14] Jonathan Edwards, *A Call to United Extraordinary Prayer: An Humble attempt...* (James Nisbett, 1831), pag. 61.

muziek en gezamenlijk gebed verder zouden uitwerken welke vergelijkingen en toepassingen zijn er dan nog meer te vinden?

OP ELKAAR AFGESTEMD BIDDEN

Gebed, effectief gebed, vraagt van ons dat we goed op elkaar afgestemd zijn. Geen wanklank of onenigheid. Mensen op dezelfde plek bij elkaar brengen om dezelfde dingen te doen betekent niet direct eenheid, al laat dit soms wel een diepere betekenis van eenheid zien. Eenheid heeft ook niets van doen met het verdoezelen van zaken die besproken moeten worden.

Integendeel, eenheid wordt gevoed door verbondenheid van hart, genegenheid, liefde en eerbied voor het lichaam van Christus. Psalm 133 geeft aan dat zo'n eenheid door God gezegend wordt. Het gebed dat Jezus primair voor Zijn kerk bidt vinden we in Johannes 17, waar Hij herhaaldelijk in verschillende verzen bidt 'opdat zij één zullen zijn'. Jezus benadrukt in dit gedeelte van Zijn gebed dat dit niet alleen bedoeld is voor de kleine groep discipelen die Hem toen volgde, maar 'ook voor hen die door hun woord in Mij zullen geloven'. Hij bidt dat dit een kenmerk zal zijn van Zijn toekomstige kerk. Wat zo'n belangrijk thema is voor Christus, moeten wij niet al te snel aan de kant schuiven. Wat Hij belangrijk vindt, moet ook belangrijk zijn voor ons.

In Efeze 4 vinden we ook de aanmoediging om de eenheid in de kerk te 'bewaren'. Vervolgens geeft Paulus dan een uitgebreid, veelomvattend overzicht over wat Christus in Zijn wereldwijde kerk doet. Dit wordt uitgewerkt in elke plaatselijke kerk, maar Paulus' punt is duidelijk: eenheid in de kerk is belangrijk.

Eén van de beste manieren om eenheid te bewerken, is samen bidden. Alleen gebed kan harten samenbinden op een manier zoals anders wellicht niet mogelijk zou zijn. De diverse plaatselijke kerken verschillen ongetwijfeld in leer en praktijk, daarom is het bewerken van eenheid niet altijd even gemakkelijk. Het is belangrijk dat leiders helder zijn over het zuivere evangelie en alle gelovigen 'verenigen' in gebed en missie vanuit een gemeenschappelijk verstaan van het evangelie. Pas dan kunnen zij met een eensgezind verlangen bidden dat het evangelie zich lokaal, nationaal en internationaal zal uitbreiden.

Augustinus heeft gezegd: 'In hoofdzaken eenheid; in bijzaken vrijheid en in alles liefde.'[15]

John Wesley, die het niet altijd eens was met partners in het evangelie, zei: 'Al denken we niet hetzelfde, kunnen we daarom niet hetzelfde liefhebben? Kunnen we niet één van hart zijn ook al hebben we een andere mening? Jazeker, dat kunnen we. Ondanks al die kleine verschillen kunnen alle kinderen van God hier eensgezind in zijn.'[16]

Wanneer harten zachter worden en zich openen voor elkaar; wanneer leiders zich om andere leiders in andere kerken gaan bekommeren en voor hen gaan bidden in het verlangen dat deze gezegend zullen worden, dan weet je dat de grond rijp gemaakt wordt voor een belangrijker bewegen van de Heilige Geest. Het kenmerk van een echte opwekking is doorgaans de oprechte eenheid die in een breed scala van kerken zichtbaar wordt. Wanneer harten zachter worden, gaan mensen naar elkaar luisteren en elkaar waarderen, wat leidt tot samen

---

[15] Quote die wijdverbreid wordt toegeschreven aan Augustinus.
[16] John Wesley, Sermon 39 – 'Catholic Spirit' in Thomas Jackson (ed.), *Complete Works* (Zondervan Publishing House, 1872), pagina onbekend.

bidden en als wij bidden komt God in beweging. Ik heb gemerkt dat wanneer een samenleving zich steeds verder distantieert van Gods goede ordening en haar morele kompas wijzigt, de verlorenheid en hopeloosheid steeds duidelijker zichtbaar wordt. Uiteindelijk gaat dan deze grotere nood het denken van de kerk meer beïnvloeden dan onze kleinere (hoewel belangrijke) interkerkelijke verschillen. De agenda wordt: 'God, we hebben U nodig, weest U ons volk genadig.' De kwesties die eens zo belangrijk leken voor eenheid, worden minder belangrijk als we de wanhopige staat zien van de zielen die in groten getale op weg zijn naar een eeuwigheid zonder Christus.

Eén van de dingen die mij recentelijk in het Westen opviel, is de opkomst van gebedsbewegingen die de grenzen overschrijden van verschillende stromingen, netwerken en denominaties. Bij ons eigen *Enough*-initiatief merken we nu, dat anderen die geen deel uitmaken van onze familie van kerken belangstelling tonen en hieraan willen deelnemen. Ik vind dit prachtig en huldig het feit dat God de kerk blijkbaar helpt om de vreugde en de kracht van grootschalig gezamenlijk gebed te herontdekken. Ik zou graag willen dat het aantal van

2000 deelnemers waar ons *Enough*-initiatief mee begon, uitgroeit tot 20.000 mensen die voor gebed samenkomen in verschillende tijdzones, plaatsen, kerken en taalgebieden. En dat zij ook allemaal net als Jonathan Edwards zullen bidden: '…voor de opwekking van de kerk in onze stad en daarbuiten. En voor de uitbreiding van het koninkrijk van God wereldwijd.'[17] Wat een gebedsagenda! Wat een concert!

Toch is eenheid niet iets dat slechts tussen kerken onderling tot uiting komt, het moet allereerst in een plaatselijke gemeente zelf zichtbaar worden. Gezamenlijk gebed in een plaatselijke gemeente is pas doeltreffend wanneer er in die gemeente eenheid heerst. We strijden tegen dezelfde vijand en als de duivel door de activiteiten van zijn demonen verdeeldheid kan zaaien in het lichaam van Christus, weet hij dat hij daarmee gebeden belemmert. Ik geloof dat hij bovenal bang is voor gezamenlijk gebed, en dat hij het daarom zo gemunt heeft op eenheid. Hij is eropuit om verdeeldheid te

---

[17] Ben Patterson parafraseert Edwards, 'Adventures in Fasting', *Christianity Today*, 2 maart 1998
www.christianitytoday.com/ct/1998/march2/8t3048.html

zaaien in ieder samenwerkingsverband, of het nu gaat om het huwelijk tussen man en vrouw of leiderschapsteams of de bredere kerkelijke context. Verbroken relaties belemmeren de effectiviteit van gezamenlijk gebed.

Wanneer in een plaatselijke gemeente zaken onopgelost blijven en het de gewoonte wordt om dingen onder het tapijt te vegen, kan in die kerk een cultuur of bolwerk ontstaan. Dan wordt gezamenlijk gebed ondermijnd en verliest het aan effectiviteit omdat de eenheid slechts oppervlakkig is.

Efeze 4:26 zegt: '…laat de zon niet ondergaan over uw boosheid'. Dit principe moeten we toepassen. Let op zaken die de eenheid in de plaatselijke kerk aantasten. Laat in dit geval niet toe dat boosheid een broedplaats van onrust wordt, los de zaak op.

De Bijbel geeft duidelijk aan dat hier twee dingen nodig zijn. In de eerste plaats heb je genade nodig om dit uit te werken tussen jou en God.

> *'Een verstandig mens houdt zijn woede in toom, het siert hem als hij fouten door de vingers ziet.'*
> SPREUKEN 19:11 (NBV)

'Een dwaas toont onmiddellijk zijn woede, wie verstandig is, zwijgt als hij beledigd wordt.'
SPREUKEN 12:16 (NBV)

Ten tweede, als duidelijk wordt dat er intern een probleem speelt dat niet zomaar verdwijnt, volg dan het Bijbelse principe en praat met de persoon in kwestie zoals Mattheüs 18:15 dat aangeeft: 'Maar als uw broeder tegen u gezondigd heeft, ga naar hem toe en wijs hem terecht tussen u en hem alleen; als hij naar u luistert, hebt u uw broeder gewonnen.'

Deze dingen zijn belangrijk omdat de Heilige Geest pas ongehinderd kan werken als harten zuiver staan tegenover God en elkaar. Het is mogelijk dat bidstonden plaatsen worden waar problemen worden opgelost. Samen bidden brengt vaak verzoening en eenheid tot stand. Onlangs was ik in een bidstond waar twee leiders, die al een paar jaar verschillende meningen over een strategisch onderwerp hadden, plotseling ervoeren dat de Heilige Geest op hen neerdaalde en hun hart aanraakte en zacht maakte waardoor zij elkaar wilden zegenen. Zij baden voor elkaar en lieten elkaar vrij in de roeping die elk van hen juist achtte. Door de aanraking van de Heilige Geest tijdens de bidstond waren plotseling meer ontmoetingen om de kwestie op te lossen niet meer nodig. De stemvork in Gods hand zorgde ervoor dat de wanklank veranderde in harmonie. Onderlinge verhoudingen zijn belangrijk, want als die niet deugen, lijkt het op muziek die vals is.

> *'Ik roep er dan vóór alles toe op dat smekingen, gebeden, voorbeden en dankzeggingen gedaan worden voor alle mensen, voor koningen en allen die hooggeplaatst zijn, opdat wij een rustig en stil leven zullen leiden, in alle godsvrucht en waardigheid. Want dat is goed en welgevallig in de ogen van God, onze Zaligmaker...'*
>
> 1 TIMOTHEÜS 2:1-3
>
> *'Omdat alles staat of valt met gebed, wil ik vooral dat de mannen bidden – niet door boos met hun vuisten te zwaaien naar hun vijanden maar door heilige handen omhoog te heffen naar God. En ik wil dat vrouwen samen met de mannen in alle nederigheid voor God komen, zonder zich op te tutten voor de spiegel of achter de laatste mode aan te gaan, maar door iets moois voor God te doen en daardoor mooi te worden.'* [18]
>
> 1 TIMOTHEÜS 2:8
> (VERTALING VAN THE MESSAGE)

---

[18] *'Since prayer is at the bottom of all this, what I want mostly is for men to pray – not shaking angry fists at enemies but raising holy hands*

Wanneer Paulus schrijft over wat de kernwaarden en kernactiviteiten van de plaatselijke kerk zouden moeten zijn, zegt hij dat gezamenlijk gebed wel een wezenlijk element is maar dat bidden met de juiste houding daar bovenuit gaat. De gesteldheid van ons hart beïnvloedt de uitkomst van onze gebeden. Paulus somt een hele serie dingen op waar wij voor zouden moeten bidden: van 'alle mensen' tot 'koningen en allen die hooggeplaatst zijn'. Daar valt ook onze houding ten opzichte van politieke en actuele zaken onder. In plaats van cynische, sarcastische en overdreven kritische harten te kweken voor alles wat er in de wereld om ons heen gebeurt, zouden we er diep van overtuigd moeten zijn dat deze dingen het beste door gebed veranderd kunnen worden. We zouden geen tijd, energie en woorden moeten verspillen aan commentaar geven op dat wat er allemaal slecht is. In plaats daarvan zouden we voor God ons hart moeten uitstorten in voorbede in het vertrouwen dat Hij dingen kan en zal

---

to God. And I want women to get in there with the men in humility before God, not primping before a mirror or chasing the latest fashions but doing something beautiful for God and becoming beautiful doing it.' – 1 Timothy 2:8 (MSG)

veranderen. Laten we de politiek niet door cynisme en ironie beïnvloeden maar door gebed.

TOEWIJDING EN DISCIPLINE

Muzikanten houden van muziek, hun voorliefde voor een bepaald instrument is slechts een middel om hun liefde voor muziek tot uiting te brengen. Het instrument bewijst hun liefde voor muziek. Dat geldt ook voor gezamenlijk gebed; we houden niet van gezamenlijk gebed, we houden van de Heer. Onze gebeden zijn een manier om onze liefde voor Hem tot uitdrukking te brengen en dichter bij Hem te komen. Het gaat in de moeite die wij doen om te bidden dus meer om de relatie dan om het bidden zelf. Luciano Pavarotti zei: 'Mensen denken dat ik gedisciplineerd ben. Het is geen discipline. Het is toewijding. Dat is een groot verschil.'[19] Onze toewijding is aan de Heer en niet aan gezamenlijk gebed.

Iedere bidstond zou een andere indruk moeten achterlaten. Het is als het samenspel tussen de muzikanten (de gemeente)

---

[19] Luciano Pavarotti, *Pavarotti, My Own Story* (Doubleday, 1981), pagina onbekend.

en de dirigent (de Heilige Geest). Het vraagt van ons goede voorbereiding. Als er voorafgaand aan een concert geen sprake is van organisatie en voorbereiding, zal het orkest niet goed spelen ook al staat er een uitstekende dirigent op de bok. Bidstonden hebben volgens mij de meest rigoureuze en gedetailleerde planning nodig van alle samenkomsten van de kerk. Tegelijkertijd moeten we ons vrij voelen om al onze voorbereidingen aan de kant te zetten en ons te voegen naar de leiding van de Heilige Geest.

Het doel van de voorbereiding is niet om het plan strak te volgen, het doel is slechts een context te creëren waarin God makkelijk door Zijn Geest kan werken terwijl wij bidden. Onze plannen voegen zich naar Zijn plan, en laten ruimte voor wat zich ontwikkelt en vrijkomt. Als we willen dat dit gebeurt, hebben we onderscheiding nodig om te zien wat God in een samenkomst aan het doen is.

Het spel van de muzikanten roept emoties op bij de dirigent, de toehoorders en de andere muzikanten. Alle betrokkenen worden emotioneel geroerd door de gevoelens die worden opgewekt door hun spel. Gebeden doen dat ook. Ik kan me herinneren dat ik tijdens een bidstond meer dan eens heel diep geraakt werd door het gebed van iemand anders. Alsof diegene iets in mijn hart raakt dat resoneert met hun gebed. En dat is nog niet alles; er wordt ons verteld dat onze dirigent, de Heilige Geest, ook geraakt wordt in de context van onze gebedsbijeenkomsten. Romeinen 8:26 in een vertaling van de Amplified Bible brengt dit zo onder woorden:

> *'Op dezelfde manier komt de Geest [naar ons toe] en helpt ons in onze zwakheid. We weten niet welk gebed we moeten bidden of hoe we het zouden moeten bidden, maar de Geest Zelf [kent onze nood en op het juiste moment] pleit Hij namens ons met zuchten en kreunen, te diep voor woorden.'* [20]

De Heilige Geest én wij die bidden, we voelen allemaal de emotie.

Ik kan me nog heel goed een avond herinneren van een paar jaar terug toen onze gemeente nog in haar kinderschoenen stond. We kwamen als jeugdgroep (waar ik toen deel van uitmaakte) bij elkaar in een klein rijtjeshuis. Er waren zoveel

---

[20] *'In the same way the Spirit [comes to us and] helps us in our weakness. We do not know what prayer to offer or how to offer it as we should, but the Spirit Himself [knows our need and at the right time] intercedes on our behalf with sighs and groaning's too deep for words.'* – Romans 8:26 (Amplified Bible)

jongeren, dat ze overal waar maar een plek vrij was zaten; in de voorkamer en in de achterkamer, op de trap naar boven tot aan de overloop. We begonnen met een tijd van gebed en aanbidding en we zochten Gods aanwezigheid en wilden graag horen wat Hij de komende dagen zou doen. Op een gegeven moment, aan het eind van een aanbiddingslied, begon in één van de kamers een stel jongeren in de Geest in klanktaal te zingen. Hun gebeden tot God in een onbekende taal werden overgenomen door anderen die mee gingen zingen. Al snel vloeide er, alsof er stereo luidsprekers stonden, een golf van klanken van de ene naar de andere kamer, en verder de trap op en weer terug. Een stroom van ongeoefende (en voor die tijd) heel ongewone gebeden in klanktaal golfde door het huis. Het was alsof een dirigent met zijn stokje zwaaide en een koor dirigeerde. De schoonheid, harmonie, eenheid, kracht en emotie waren zo bijzonder dat het me altijd is bijgebleven. Na deze gezamenlijke inbreng baden enkele mensen in het Engels en vroegen God of Hij wilde handelen. Ik geloof dat zij op dat moment tot uiting brachten wat de Heilige Geest door ons gezamenlijk heen had gebeden. Het leek op een gezamenlijke vertolking – prijs God!

Ik denk dat we meestal niet beseffen wat er gebeurt nadat er, zoals we dat wel noemen, 'gezamenlijk in de Geest is gezongen'. Ik geloof dat God daarna vaak, net als in Handelingen 4, een samenvatting geeft van dat wat gezamenlijk is gebeden. Deze momenten waarop God onverwacht ingrijpt, vragen om goede leiding. Dat zijn ogenblikken die je niet van tevoren kunt plannen, en wat we gepland hebben zal moeten wijken wanneer zulke dingen zich voordoen. Je kunt het vergelijken met een virtuoze jazz solo vanuit de hemel, die plotseling alle aandacht opeist.

Eenheid komt tot stand wanneer het orkest afstemt op elkaar. Zorgvuldige planning en voorbereiding zijn noodzakelijk voor de muzikanten. Openheid voor de leiding van de Geest maakt het mogelijk dat de grote Dirigent ons kan leiden. Wanneer dit alles bij elkaar komt in de context van een kerk die bidt, dan brengt dat een prachtige klank voort, een klank waar onze Heer van geniet.

6
FAMILIE
SAMEN BIDDEN HEEFT DE KRACHT VAN FAMILIE ZIJN

'Om deze reden buig ik mijn knieën voor de Vader van onze Heere Jezus Christus, naar Wie elk geslacht in de hemelen en op de aarde genoemd wordt, opdat Hij u geeft, naar de rijkdom van Zijn heerlijkheid, met kracht gesterkt te worden door Zijn Geest in de innerlijke mens, opdat Christus door het geloof in uw harten woont'.

Efeze 3:14-17a

Als we gezamenlijk bidden, komen we samen bij de Vader rond een warm haardvuur om te praten en te luisteren naar elkaar. In Jesaja 1:18 (WB) staat: '"Kom, laten we de zaak afhandelen," zegt de HEER.' Als we samen in gebed zijn laat God aan zijn kinderen zien wat er in Zijn hart leeft. Hij geeft ons raad over familiezaken, niet als knechten die niets van het bedrijf van hun werkgever afweten, maar meer zoals we zijn: mede-erfgenamen van Christus. Wij zijn degenen die een beroep mogen doen op de goddelijke beloften van de Schrift en we delen in Zijn wezen. Door Christus hebben we familietrekken. Als we bidden, doen we dat vanuit wie we zijn, maar ook vanuit wat we niet zijn. We mogen bidden vanuit een verlangen om iets of iemand te worden, maar we zouden ook moeten bidden omdat we nu in Christus iemand zijn; we zijn nu Koningskinderen.

Dit komt omdat onze redding relationeel is. Doordat we Christus hebben aangenomen is God onze Vader geworden. De banden die wij hebben met Zijn volk, zijn familiebanden. Wij zijn Gods kinderen en niet zijn werknemers. Efeze 3:15 zegt: '…naar Wie elk geslacht in de hemelen en op de aarde genoemd wordt'. Deze familiedynamiek zou smaak moeten geven aan alle aspecten van ons gezamenlijke gebedsleven, en dat is precies wat we in dit hoofdstuk willen verkennen.

In het Nieuwe Testament staan veel teksten met richtlijnen over hoe we moeten omgaan 'met elkaar'. Dan gaat het onder meer over liefhebben, aanmoedigen, vermanen en zorg dragen voor elkaar. Een levensstijl waarin we met en voor elkaar bidden heeft echt geen georganiseerde gezamenlijke bidstond nodig. Het spontane geroezemoes voor of na een bijeenkomst, koffie of thee drinken terwijl er in kleine groepjes van twee of drie samen wordt gebeden, is buitengewoon waardevol. De manier waarop we samen bidden is belangrijk. Wanneer er voor ons gebeden wordt, moeten we ons diep vanbinnen open en ontvankelijk opstellen om te ontvangen wat de Heer ons geven wil. Wanneer wij voor anderen bidden, dienen we hen, we leggen hen geen agenda op en proberen ook geen punten te scoren voor 'verhoorde gebeden'. Laten we streven naar een relationele cultuur waarin het samen optrekken als kerkfamilie en het bidden voor elkaar net zo vanzelfsprekend wordt als samen een kopje koffie drinken. We willen gebed niet oppervlakkig of inhoudsloos maken, maar normaal.

Zelfs nu ik deze woorden schrijf komen er een paar berichten binnen die direct aandacht vragen. Ik ben gestopt met typen en ik heb mijn vrouw verteld wat er aan de hand is, daarna hebben we samen deze situaties bij de Heer gebracht en daar een paar minuten voor gebeden. Het gaat niet om de lengte van onze gebeden en de hoeveelheid tijd die we eraan geven, het gaat erom dat wij in alles de instinctieve gewoonte aanleren om te bidden. We weten dat we aankloppen bij

Degene Die meer doet dan alles wat wij vragen of bedenken kunnen, en dat is een geweldige troost voor ieder die bidt.

De Schrift geeft specifieke voorbeelden van dit soort familiedynamiek in alle voor- en tegenspoed van het leven, maar ook op momenten waarop we geconfronteerd worden met specifieke dingen als ziekte en gevolgen van zonde.

> *'Is iemand onder u ziek? Laat hij dan de ouderlingen van de gemeente bij zich roepen en laten die voor hem bidden en hem met olie zalven in de Naam van de Heere.'*
> JAKOBUS 5:14

> *'Belijd elkaar de overtredingen en bid voor elkaar, opdat u gezond wordt. Een krachtig gebed van een rechtvaardige brengt veel tot stand.'*
> JAKOBUS 5:16

> *'Verblijd u met hen die blij zijn, en huil met hen die huilen.'*
> ROMEINEN 12:15

In de voorbije jaren is het vaak genoeg voorgekomen dat ik ergens over liep te tobben. Dat bracht me ertoe om de betreffende zaken met een paar vertrouwde mannen uit de gemeente te bespreken. Het doorpraten van de dingen en die vervolgens samen in gebed brengen, blijkt een heel krachtige manier om doorbraken te bewerken. Belijden en transparant zijn, en verantwoording afleggen aan elkaar werkt bevrijdend. En dan gaat het niet altijd om duidelijke zonde, het kan ook gewoon gaan om bezorgdheid, verleiding, ongerustheid of een worsteling in het zoeken naar een oplossing voor complexe zaken. Zo heb ik over de jaren heen zelf zowel hulp gezocht als hulp geboden. Op die manier elkaar tot steun zijn, kan enorm bevrijdend werken en een radicaal verschil maken.

Door te kijken en te luisteren naar goede preken (en met een beetje hulp 'uit de klas'), heb ik leren preken. Ik leerde bidden door te kijken en te luisteren naar de gebeden van heiligen. Zo ontdekte ik hoe eenvoudig kinderlijk geloof, dat vertrouwt op God en Zijn hart kent, verhoring ontvangt. Als we willen dat een kerk een biddende gemeenschap wordt, dan doen we er goed aan om elke gelegenheid te benutten die zich voordoet om samen te oefenen.

MEER DAN EEN GEWONE GEBEDSBIJEENKOMST

Natuurlijk wordt er niet alleen gezamenlijk gebeden tijdens een gebedssamenkomst van de kerk. Gebed met tenminste één persoon valt daar, afhankelijk van de context, net zo goed onder. Daarom is het goed om te bedenken dat bidden met een huwelijkspartner, in gezinsverband of met vrienden eveneens gezamenlijk gebed is. Uiteindelijk wordt op al die momenten samen gebeden.

Het huwelijk is onder andere ook een context voor partnerschap. We doen dingen samen, we leren samen, bereiken samen iets en overwinnen samen. Een huisgezin vormen, samen leren hoe we elkaar in alle opzichten kunnen liefhebben; seksueel, emotioneel, praktisch en geestelijk. Toch is het niet altijd vanzelfsprekend dat geestelijk leven gemakkelijk samenvloeit.

In eerste instantie was ik verbaasd toen ik merkte dat stellen, die dit niet gewend waren, het eerst nogal gênant vonden om samen de Bijbel te lezen en samen te bidden. Maar het komt vaker voor dan ik dacht. Samen bidden is essentieel. Ik denk dat de man hierin moet voorgaan en het initiatief en de verantwoordelijkheid op zich moet nemen. Niet dat de man geestelijker is of alles zou moeten leiden, verre van dat. Maar mannen die zich thuis in geestelijke zaken passief opstellen, belemmeren zonder meer een gezonde geestelijke ontwikkeling voor iedereen in dat huisgezin. Daarentegen is een echtgenoot of vader die actief betrokken is, een enorm bevrijdende factor voor het hele gezin.

Door de jaren heen hebben we ontdekt dat het opbouwen van een vast ritme van realistische gewoontes daarbij kan helpen. Op een vrije dag lezen Sue en ik bijvoorbeeld halverwege de ochtend een overdenking uit *Chequeboek van de bank des geloofs*, een dagboek van Spurgeon. Daarna bidden we onder andere voor mensen, zaken, onszelf, de komende week en we danken voor de week die voorbij is. Het is heel ontspannen en duurt vaak niet zo lang maar het is een vaste gewoonte geworden die ons gebedsleven kenmerkt. In de rest van week wordt dit zo nodig spontaan opgepakt wanneer de omstandigheden dat vragen.

Ik zou ieder echtpaar willen adviseren iets dergelijk te doen; een wekelijks ritme afspreken en aanhouden, ook al is het kort en simpel. Ritme en nuttige gewoontes zijn niet verkeerd. Danken voor iedere gezamenlijke maaltijd kan een eenvoudig begin zijn. Elke nieuwjaarsdag beginnen wij met een brunch, we danken God dan voor het jaar dat voorbij is en we vertrouwen ons samen aan Hem toe voor het jaar dat komt.

Simpele 'leefregels' lijken mij in deze tijd van snelle veranderingen en hoge mobiliteit enorm belangrijk.

Zwangerschap en de geboorte van een kind laten op een bepaalde manier ook iets zien van wat bidden inhoudt. Christus is onze bruidegom en wij, de kerk, zijn Zijn bruid, dat is krachtige beeldspraak. Als volgelingen van Christus zijn wij zwanger van Zijn beloften voor Zijn kerk. We kunnen deze beloften voeden als we gezamenlijk bidden, wij zijn als Zijn kerk zwanger van die beloften, wij zijn ouders van een kind dat door de belofte werd geboren.

> *'Voordat zij weeën kreeg,*
> *heeft zij gebaard.*
> *Nog voor een wee over haar kwam,*
> *heeft zij een jongetje ter wereld gebracht.*
> *Wie heeft ooit zoiets gehoord?*
> *Wie heeft iets dergelijks gezien?*
> *Zou een land geboren kunnen worden op één dag?*
> *Zou een volk geboren kunnen worden in één keer?*
> *Maar Sion heeft nauwelijks weeën gekregen,*
> *of zij heeft haar zonen al gebaard.*
> *Zou Ík ontsluiting geven en niet doen baren?*
> *zegt de HEERE.*

*Of zou Ik, Die doe baren, toesluiten?
zegt uw God.'*

Jesaja 66:7-9

We moeten tot ons door laten dringen hoe rijk deze beeldspraak is. Het gaat hier over de dingen die God heeft beloofd en wij zullen in gebed moeten leren dat als het gaat om de geboorte van Gods beloften, de zwangerschap anders kan verlopen dan wij denken. Maar wat bij een zwangerschap geldt, geldt ook hier; wanneer er leven is zal dat op de bestemde tijd geboren worden. Gebed is te vergelijken met het uitzien naar en wachten op wat we weten dat geboren zal worden omdat God het verwekt heeft. Dit als kerk beetpakken en God niet loslaten totdat Hij zijn belofte heeft vervuld, is bijzonder krachtig.

Elke kerk en elke familie van kerken zou zwanger moeten zijn van Gods beloften en de bevalling ook door gezamenlijk gebed moeten bespoedigen en opwekken, totdat dat wat beloofd is op de bestemde tijd geboren wordt. Bij een zwangerschap kijkt de hele familie uit naar de geboorte; het is een spannende verwachtingsvolle tijd. Tijdens bidstonden zouden de beloften die God gegeven heeft steeds weer aangehaald moeten worden, en niet alleen de beloften die in de Bijbel staan, ook de profetische beloften die naar wij geloven door Hem aan ons gegeven zijn. Saai plichtsbetoon geeft geen goed beeld van de verwachting dat er iets nieuws geboren zal worden. Als er tijdens bidstonden telkens dezelfde gebeden herhaald worden en de atmosfeer mat is, dan komt dat waarschijnlijk omdat we vergeten zijn dat we zwanger zijn van Gods beloften en bedoelingen. Nieuw leven wordt niet geboren omdat we er op wachten, maar omdat zich leven vormt in de baarmoeder. Wachten creëert het niet, in het wachten vieren en hopen we op wat God heeft gedaan en beloofd.

KINDEREN LEREN HOE ZIJ KUNNEN BIDDEN

Kinderen leren van hun ouders geestelijke dingen. Maar ze kunnen en moeten ook leren dat zij deel zijn van de kerk en daarbij hoort dat zij leren om samen te bidden. Het is belangrijk dat kinderen al vanaf jongs af aan leren hoe zij kunnen bidden en hoe zij de stem van God kunnen verstaan. Wij mensen kennen God in wezen door openbaring en niet door informatie. Daarom zijn leeftijd of mentale vermogens uiteindelijk niet bepalend bij de vraag of iemand een reddinggevende relatie met God kan hebben.

Kinderen leren in de eerste plaats van hun ouders hoe zij zich moeten gedragen, wat de waarden zijn en welk wereldbeeld juist is. De zondagsschool of een jeugdgroep kan een belangrijke rol spelen in de geestelijke ontwikkeling van kinderen en jongeren. Hierdoor kunnen zij werkelijk ervaren wat het betekent om te horen bij de grotere familie van God. Zelfs als het gezin waaruit ze komen niet gelovig is, kunnen ze een geestelijke familie vinden die hen kan helpen en opvoeden in de dingen van God. Toch blijft de eerste verantwoordelijkheid bij de ouders liggen om hun kinderen groot te brengen in de dingen van de Heer.

Ik was diep onder de indruk van de manier waarop het gezin van Jimmi en Emma in een tijd van ernstige ziekte vorm gaf aan gebed en dankbaarheid in het bijzonder. Ik laat Emma uitleggen wat ze deden:

> *'Het idee van een "pot vol dankbaarheid" zag ik voor het eerst op Facebook en we wilden dit wel eens uitproberen. Maar voordat ik zelfs ook maar het eerste gebed had opgeschreven*

ontdekten we dat Jimmi kanker had. Ik vroeg me af of we hier nog wel mee door moesten gaan. Maar we besloten het te doen. Het idee om alleen alle goede dingen van de afgelopen week op te schrijven en in de pot te stoppen werd wel aangepast; ook alle mijlpalen van de behandeling van Jimmi werden genoteerd en erin gestopt.

Ik gebruikte alleen een klein velletje papier en schreef meestal 2 tot 3 dingen op. Daarbij probeerde ook ik de gewone dagelijkse gebeurtenissen mee te nemen zoals: de prijzen die Noah op school kreeg en mooie cijfers voor zijn leesbeurt of de verschillende successen die Jake dat jaar behaalde. Ook probeerde ik altijd positieve dingen in het ziekteverloop van Jim te vinden.

Maar favoriet waren de dagjes uit en de keren dat we er als gezin een paar dagen tussenuit konden gaan, dat leek zo ontzettend kostbaar omdat Jim vaak te ziek was om bij ons te zijn. Toen we aan het begin van 2018 al die briefjes zouden gaan lezen, was iedereen echt heel enthousiast. Omdat ik degene was die ze had geschreven, hadden de jongens geen idee wat erop stond, hoewel, toen we ze telden, kwamen we tot de ontdekking dat er een paar weken ontbraken. Daarom schreven de jongens allemaal iets op wat zij zich nog konden herinneren van het afgelopen jaar en dat was echt schitterend. Om beurten lazen we de briefjes voor, en het was verbazingwekkend om te horen hoeveel dingen we toch hadden kunnen doen en wat we allemaal meegemaakt hadden en hoe we in dit hele jaar meestal een positieve instelling hadden weten te bewaren. Soms zakt het hart je in de schoenen als het moeilijk is, maar ik weet dat God de hele tijd bij ons was, en deze dingen wekelijks opschrijven hielp me om dit vast te houden. We vullen de pot opnieuw, maar dit jaar met een heel ander verhaal.'

In Jozua 4:6 staat: '…zodat dit een teken is onder u. Wanneer uw kinderen morgen vragen zullen: Wat betekenen deze stenen voor u?'

Toen Jozua en Israël door de Jordaan trokken, verzamelden zij stenen en legden die op een hoop: een gedenkteken voor de komende generaties en een aansporing om op Gods goedheid en trouw te vertrouwen. Emma's pot vol dankbaarheid is als het ware een moderne 'hoop stenen'. De hoop stenen was in het landschap waarschijnlijk heel goed te herkennen. Dat is dankbaarheid eveneens, als we op zoek gaan naar alles waar we dankbaar voor kunnen zijn, gaan we steeds meer zien.

Er is geen garantie dat onze kinderen alleen omdat wij de juiste dingen doen de Heer zullen leren kennen. Toch is het zeker zo, dat als wij ons geloof goed doorgeven en voorleven, zij diep respect voor dat geloof zullen krijgen. En we vertrouwen dat de Heilige Geest zal werken en dan goede grond zal vinden waardoor het evangelie in hun eigen hart wortel zal schieten. Het is tragisch wanneer door slecht geestelijk ouderschap een kinderhart gaat lijken op rotsachtige grond of aarde vol onkruid waardoor het evangelie moeilijk kan ontkiemen. Waarom zouden we het moeilijker maken dan nodig is?

Onze betrokkenheid en toewijding aan de Heer komt tot uiting als we elke week naar de kerk gaan, en wanneer we voor het eten met elkaar aan tafel bidden laat dat zien dat God centraal staat in het gezinsleven. Samen bidden en de Bijbel lezen en praten over geestelijke dingen toont aan dat het Woord van God ons anker en ons fundament is, wat er verder die dag ook gebeurd kan zijn.

Ik las mijn zoon Sam vaak voor uit kinderboeken waarin de levens werden beschreven van christelijke mannen en vrouwen die grote dingen voor God hadden gedaan. We keken naar bepaalde televisieprogramma's en als daar inhoudelijk een morele of geestelijke les in voorkwam – goed of slecht – waarover we konden doorpraten dan deden we dat en als ik hem naar bed bracht baden we daar soms samen voor. Aanbidding en muziek maakten deel uit van ons leven. Maar begrijp me niet verkeerd; ons gezinsleven was niet een tijd van een en al lofprijs en gebed. Er werd in de achtertuin meer gevoetbald dan gebeden, maar wat ik wil overbrengen is dat gebed verweven was met het dagelijkse leven.

We moeten kinderen niet uitsluiten van deelname aan de tijden van gebed in de gemeente. Ik geloof dat op dit moment in het Westen een nieuwe beweging van de Heilige Geest merkbaar is als het gaat om gezamenlijk gebed, en ik doel daarmee op de manier waarop kinderen en jongeren worden betrokken bij gebed. Het heeft mij verrast. Er is veel creativiteit voor nodig om verschillende manieren te ontdekken waarop we kunnen bidden en gebed tot uiting kunnen brengen. Ook volwassenen vinden het vaak leuk om daaraan mee te doen, en dat is bijzonder.

De waarheid is dat kinderen ons volwassenen heel wat kunnen leren over gebed. Jezus illustreerde dat en vergeleek echt geloof met het eenvoudige vertrouwen van een kind. Kinderlijk geloof is kostbaar. We mogen die eenvoud nooit kwijtraken en moeten ervoor waken dat dit simpele vertrouwen op God niet verdwijnt door cynisme, teleurstelling of moeilijkheden. Kinderen leren ons dat effectief gezamenlijk gebed niet ingewikkeld of lang hoeft te zijn. Gemeenschap met God is niet afhankelijk van tijd, wanneer we met Hem samenzijn en met Hem praten, is het gewoon weten wanneer Hij het gesprek heeft afgerond, waarna wij onze bezigheden weer kunnen oppakken.

Kinderen kunnen moeiteloos overgaan van gebed naar spel en weer terug terwijl volwassenen vaak de indruk geven alsof het, wil het echt zijn, religieus moet voelen.

Ik laat Jodi aan het woord, zij zal vertellen hoe zij de kinderen in onze gemeente in Lowestoft geholpen heeft om mee te doen aan gezamenlijk gebed:

> *'Ik heb ontdekt dat ik het makkelijker vind om het voortouw te nemen en kinderen en jongeren op dit gebied te leiden, wanneer ik voor mijzelf meer tijd heb geïnvesteerd in gebed en meer vertrouwen heb gekregen. En ik heb ook ontdekt dat zij dan makkelijker volgen, en dat ik ze niet meer zo op sleeptouw hoef te nemen!*
>
> *We hebben gemerkt dat wanneer we bidden met kinderen en jongeren, zowel op school als in de kerk, wij onze kijk op hun "dingen" in bedwang moeten houden. Wij volwassenen hebben soms de neiging om de gebedspunten van onze kinderen en jeugd af te doen als onbelangrijk. Wij zien alles vanuit onze "volwassen" optiek en filteren het door die lens en vergeten dat God de dingen waar zij voor bidden net zo belangrijk vindt als de zaken waar wij voor bidden.*

In onze zondagmorgengroep voor 11-14 jarigen namen we de tijd om te bidden voor onze "Goliaths"; de dingen in ons leven die onoverkomelijk lijken. De sessie was geweldig en toen deze jonge mensen opgeroepen werden om op te schrijven welke "Goliaths" zij tegenkwamen, was de respons groot. We vroegen hen vervolgens om dat wat zij opgeschreven hadden binnen de contour van de reus te leggen die wij met tape op de vloer hadden aangebracht. De kinderen krabbelden wat op papier en na een paar minuten legden zij hun gebedspunten op de grond neer en gingen wij om onze reus heen staan om samen te bidden. In stilte las ik alles wat ze hadden opgeschreven. De triviale gebedspunten die ik las stelden me teleur, maar het duurde niet lang voor de Heilige Geest mij overtuigde van mijn verkeerde gedachten. Hij stelde mij de vraag: "Wie ben jij om te zeggen dat deze dingen onbelangrijk zijn? Zeg Ik dat soms ook van jouw gebedsverzoek!?" Ter plekke leerde ik een enorme les, want wat volgens mij een "David" is, kan voor iemand anders een "Goliath" zijn en omgekeerd.

Mijn persoonlijke "identiteitsreis" in het ontdekken van wie ik ben en hoe God mij ziet, heeft me geholpen om mijn focus radicaal te verleggen van dat wat mensen zeggen dat "goed is", naar dat wat Hij vindt dat "goed is", en dat is bevrijdend. Het bevrijdt me niet alleen van de behoefte om mijn gebedsleven een "voldoende" te geven wanneer ik bid op de manier die ik fijn vind (ik schrijf mijn gebeden graag op), het geeft me ook permissie en vertrouwen om anderen hierin mee te nemen. Ik heb ontdekt dat kinderen en jongeren wel willen bidden wanneer zij beseffen wie zij zijn in Hem en dat zij gemaakt zijn om te bidden. Er zijn er die graag schrijven, anderen dansen, tekenen, schilderen, sommigen boetseren, bespelen instrumenten, weer anderen praten of roepen of zingen – wanneer deze dingen ons helpen om met God te communiceren, zijn het waardevolle gebedstalen die in het leven van onze kerk een plek kunnen krijgen (en ik zou haast zeggen moeten krijgen).

We hebben gemerkt dat onze kinderen en jongeren mee willen werken aan onze Enough *gebedsavonden; ze bidden graag voor hun vrienden en de plaatsen waar we wonen. Ze willen bij de kerk horen en niet beschouwd worden als een apart onderdeel van de gemeente. Dat kinderen en jongeren niet met oudere generaties om willen gaan, is een fabeltje. Ze houden van hun kerkfamilie en de generatiekloof is makkelijk te overbruggen wanneer we gewoon als familie "samen kerk" zijn en onze kinderen en jongeren in onze bijeenkomsten aanmoedigen om woorden door te geven en te bidden, wanneer de leider van de avond hen rechtstreeks aanspreekt en uitnodigt om iets voor te lezen of een gebedspunt te leiden.*

De Enough *avonden waarop onze kinderen en jongeren betrokken waren bij het leiden van een gebedspunt, waren voor mij hoogtepunten. Wanneer de volwassenen in de gemeente zien dat onze jonge mensen passie hebben voor wat zij geloven en voor de mensen waar zij voor bidden, wekt dat geloof op.'*

Ik wil graag het geestelijk moederschap en vaderschap in Christus aanmoedigen. We hebben allemaal moeders en vaders nodig. Ook wanneer jij jezelf ziet als een moeder of vader in het geloof voor anderen is het goed je te realiseren dat zelfs vaders een vader nodig hebben en moeders niet zonder moeder kunnen. Ik zet opzettelijk tijd apart om mijn vaders in het geloof op te zoeken, soms blijf ik zelfs een nacht logeren om een tijd ongestoord samen te kunnen bidden.

Ik vind het prachtig als ik in mijn omgeving zie hoe jongere mannen tot bloei komen en een roeping gaan vervullen die vrucht draagt. Ik heb dierbare vrienden om mij heen, medewerkers in de roeping. Ik vind het fijn om met één van hen of met een jongere broer een dag op pad te gaan en een gebedswandeling te maken. We ontbijten samen en praten elkaar bij. Niet ver van mijn woonplaats loopt een mooi wandelpad langs de rivier naar een oude kerk. Tijdens de wandeling naar de oude kerk hebben we de tijd om te praten over alles wat gebed nodig heeft. Op de terugweg bidden we dan.

Op creatieve manieren bidden met echtparen, ouderen en jonge mensen zou bij alle leidinggevenden hoge prioriteit moeten hebben. Bidden tijdens een wandeling werpt vaak meer vrucht af dan op kantoor een gesprek voeren. Maar al te snel zorgen dringende zaken ervoor dat we eerder praten dan bidden. We moeten ons daartegen verzetten. Moed, leiderschap en het besef dat gebed enorm krachtig is, zijn nodig om gebed voorrang te geven zelfs als dat betekent dat we daarna tijd te kort komen om iets te bespreken. Gezamenlijk gebed loont de moeite en de daarin geïnvesteerde tijd betaalt zich uit.

Samen bidden vraagt wel om enige planning en investering, maar het is niet de bedoeling dat het een programmapunt wordt van de gemeente. Wanneer we van alles een programmapunt maken met een afdeling, dan maken we er een specialisme van, maar gebed is iets voor iedereen. Wanneer we gebed gaan programmeren gaan we ons toeleggen op efficiëntie, productiviteit, effectiviteit en gaan we meten en definiëren. We zijn Gods familie en ook al hebben we een belangrijke opdracht te vervullen, als het om bidden gaat, mogen we nooit uit het oog verliezen dat we komen als familie en ons gedragen als familie voor en met onze liefdevolle hemelse Vader.

7
ONTRUIMING
SAMEN BIDDEN IS DE DUIVEL EEN ONTRUIMINGSBEVEL OVERHANDIGEN

'De dief komt alleen maar om te stelen, te slachten en verloren te laten gaan; Ik ben gekomen, opdat zij leven hebben en overvloed hebben.'

JOHANNES 10:10

Stel je voor dat een dief die zich in jouw huis heeft genesteld nu krakersrechten opeist. De indringer pakt spullen uit jouw koelkast, gaat daarna op jouw bank zitten met zijn voeten omhoog en doet zich tegoed aan jouw eten en jouw beste wijn. Hij zapt door de programma's op je televisie en gooit het afval op de vloer. Hij gedraagt zich niet alleen alsof hij de huiseigenaar is; hij doet ook alsof niemand anders eigenaar van het pand is. Wat een arrogantie!

Als wij de benadeelde partij waren zouden we terecht zeer verontwaardigd zijn over dergelijk gedrag. We zouden zo iemand zo spoedig mogelijk willen confronteren met een wettelijk bevel tot ontruiming; zodat hij verwijderd wordt van de plek waar hij niet thuis hoort, en stopt met gedrag dat wettelijk niet is toegestaan en met het gebruik van spullen waar hij geen recht op heeft.

In de wereld waarin we leven, hebben we met deze dynamiek te maken. De Bijbel zegt in Psalm 24:1 'De aarde is van de HEERE en al wat zij bevat'. Dit fundamentele principe vinden we ook terug in het Nieuwe Testament in 1 Korinthe 10:26. Maar de Bijbel verklaart ook dat er iets gestolen is, de vijand (de duivel en zijn krachten van het kwaad) hebben iets ingenomen. Je zou kunnen zeggen dat de aarde een huis is dat de Heer in eigendom heeft, maar er is ingebroken en de duivel eist nu krakersrechten op.

> *'...terwijl de hele wereld in de macht is van hem die het kwaad zelf is.'*
>
> 1 JOHANNES 5:19 (NBV)

'…en zij weer mogen ontwaken uit de strik van de duivel, door wie zij levend gevangen waren om zijn wil te doen.'
2 Timotheüs 2:26

'Van hen, de ongelovigen, geldt dat de god van deze eeuw hun gedachten heeft verblind, opdat de verlichting met het Evangelie van de heerlijkheid van Christus, Die het beeld van God is, hen niet zou bestralen.'
2 Korinthe 4:4

Alle bovenstaande verzen gebruiken verschillende voorbeelden om de diefstal, de vernietiging, de schadelijke misleiding van mensen en het misbruik van dingen die van de Heer zijn, over te brengen. Het is alsof de duivel woont op plaatsen en onder mensen die niet tot zijn grondgebied behoren, waar hij geen rechtmatig eigenaar van is en geen enkel gezag over zou mogen uitoefenen. De Bijbel laat er geen twijfel over bestaan dat de duivel en zijn demonische krachten macht uitoefenen op deze wereld en over haar bewoners.

Efeze 2:2 zegt dat we vroeger wandelden in zonde 'overeenkomstig de leefwijze van deze wereld, overeenkomstig de wil van de aanvoerder van de macht in de lucht, van de geest die nu werkzaam is in de kinderen van de ongehoorzaamheid...'

We zouden diep verontwaardigd moeten zijn over deze kraker die met zijn trawanten intrek heeft genomen in het eigendom van de Heer. Die verontwaardiging zou ons tot actie aan moeten zetten.

Gebed houdt zich bezig met het proces van terugnemen en terugvorderen van wat rechtmatig aan de Heer toebehoort. Gezamenlijk gebed lijkt op een juridisch afdwingbaar 'bevel tot huisuitzetting' of 'ontruiming'. De Bijbel is een gezaghebbend document dat juridische status heeft in dergelijke zaken. Telkens wanneer één van Gods beloften of principes in gebed wordt uitgesproken, is het als een gezaghebbend bevel tot ontruiming.

Wanneer iemand bij het huis komt waar de krakers zitten om te vertellen dat ze moeten vertrekken, leiden harde woorden, de persoonlijkheid of de lichamelijke kracht van degene die de boodschap overbrengt niet tot naleving. Want hoe nerveus of hoe schaapachtig wellicht de boodschap wordt overgebracht, dat doet niets af van het feit dat er een wettelijk bindend ontruimingsbevel werd afgegeven. Niets en niemand kan zich uiteindelijk met succes verzetten tegen een dergelijk wettelijk bevel. Waarom niet? Omdat een hogere autoriteit opdracht heeft gegeven voor dit bevel tot ontruiming, en daarom zullen de overtreders het veld moeten ruimen. Het staat beschreven.

Wanneer wij Gods beloften in onze gebeden weer voor Hem neerleggen, presenteren wij een wettelijk bevel tot ontruiming aan de machten van het kwaad die de wereld om ons heen teisteren. We geven hun marsorders.

WEES NIET BELEEFD, BID!

Ik kan me momenten herinneren waarop gebeden die vol ontzag met beleefde bedachtzame woorden werden uitgesproken voor een heilige God, plotseling omsloegen in een onbehouwen, haast bot aandringen. Op zulke momenten moeten we ons afvragen of degene die bidt zich schuldig maakt aan de zonde van respectloosheid, of dat er misschien iets diepers, iets heiligers gaande is. Ik ben ervan overtuigd dat dit laatste het geval is. Een paar keer is het voorgekomen dat mijn vrouw toen we samen baden, zo gegrepen werd door de aard en de ernst van de zaak, dat zij niet alleen veel directer en indringender ging bidden voor wat er gaande was, maar dat zij ook om de ernst van haar verzoek te benadrukken met een vinger op de palm van haar andere hand begon te tikken. Ik geloof dat dit een voorbeeld is van wat de Bijbel onbeschaamd vragen noemt. Voor zover ik me kan herinneren werden al deze gebeden verhoord. Onbeschaamdheid wijst op een vasthoudend en volhardend smeken dat weigert genegeerd te worden.

Jezus scheen dit soort gebeden aan te moedigen. Hij vertelde het verhaal van de rechter en de weduwe die weigerde afgewezen te worden. Hij gaf de Kanaänitische vrouw die hem ad rem van repliek diende een compliment, toen het leek of Hij haar negeerde en zij Hem antwoordde dat zelfs honden de kruimels die van de tafel vielen, mochten eten! Misschien zijn onze bidstonden af en toe veel te beleefd? Misschien hebben ze ook van die 'vinger-tikkende' momenten nodig waarop vasthoudend gesmeekt wordt?

Johannes Chrysostomus zei het zo: 'Wij mensen vinden onbeschaamd vragen, smeken en kloppen onbeleefd, "hinderlijk en verwerpelijk", maar God vindt het juist vervelend als je niet met een vurig verzoek bij hem aanklopt.'[21]

'Onbeschaamd' wil niet zeggen respectloos; het tegenovergestelde is waar. Want degene die vraagt weet dat degene aan wie de vraag wordt gesteld de macht heeft, en toont daarom respect voor wie hij is en voor wat hij kan doen, daaruit vloeit het aandringen voort. God is niet op zoek naar beleefdheid, Hij zoekt geloof. Geloof in wie Hij is, in wat alleen Hij kan doen en in wat Hij beloofd heeft te zullen doen.

Sommigen hebben ten onrechte aangenomen dat passie, volume en een atmosfeer van oorlogszuchtige vurigheid absoluut vereist zijn voor effectief gebed. Dat is niet waar. Vurigheid, passie en zelfs volume laten wel iets zien van onze gevoelens voor de dingen waar we voor bidden, maar zijn geen voorwaarde voor gebed. Maar zowel toon, stem als houding brengen allemaal in gelijke mate iets over van de urgentie en de ernst van de zaak waarvoor we bidden.

---

[21] Chrysotosmus als aangehaald door Frederick Dale Bruner, *The Christ Book. Matthew 1-12* (Wm B Eerdmans Publishing Co, 2004), pag. 344.

Spurgeon heeft gelijk als hij zegt: 'Het risico van het gevaar van een tornado van godsdienstig enthousiasme is me liever dan de windstilte van dode formaliteit.'[22]

Ten diepste brengt het gezag van de Schrift – het gewicht en de inhoud van het document zelf – de vereiste veranderingen tot stand. Gods Woord kan uiteindelijk niet worden weerstaan. Wanneer we ons dit bewust zijn bij het citeren en proclameren van de Schrift, is dat een machtig wapen. vooral wanneer we met velen bij elkaar zijn om te bidden.

DE EIGENAAR WIL ZIJN SPULLEN TERUG

Allereerst moeten we zeggen dat de rechtmatige eigenaar 'zijn spullen' terug wil hebben. 'Hiertoe is de Zoon van God geopenbaard, dat Hij de werken van de duivel verbreken zou.' (1 Johannes 3:8)

Jezus is onverzoenlijk ten aanzien van de invloed van het kwaad. Hij wil de heerschappij en de zeggenschap terug over

---

[22] CH Spurgeon, *Autobiography* (Banner of Truth, 1962), quote aangehaald door Terry Virgo, in *De Geestvervulde kerk* (Newfrontiers Boeken 2012) pag. 72.

wat van Hem is. Het is van Hem. Wanneer we bidden werken wij dus in partnerschap met Christus aan dingen waarover we het samen eens zijn. Daarom is het ook zo belangrijk dat we bidden 'in de naam van Jezus'. Het bevestigt de autoriteit van Degene in wiens naam wij het verzoek doen. Maar het dient ook om duidelijk te maken wat Zijn wil is in de situatie, het verklaart dat wij geen dingen bidden waar Hij het niet mee eens is.

> *'Christus heeft tijdens zijn leven op aarde onder tranen en met luide stem gesmeekt en gebeden tot hem die hem kon redden van de dood, en werd verhoord vanwege zijn diep ontzag voor God.'*
> HEBREEËN 5:7 (NBV)

Jezus wil heel graag dat zonde en dood verslagen zullen worden, hij verlangt daarnaar. Hij ziet ernaar uit dat mensen die door zonde in blindheid gevangen zitten, zich gaan realiseren dat zij een redder nodig hebben. Hij verlangt naar geestelijke vernieuwing en sociale gerechtigheid op aarde zoals in de hemel. Dat is belangrijk voor Hem. Jezus is diep bewogen tot in de kern van zijn wezen, de compassie die wij voor sommige dingen hebben valt daarbij in het niet. Toch kunnen wij soms als we bidden iets ervaren van de emotie van Christus.

Ik woon heel dicht bij het strand en af en toe loop ik tijdens een strandwandeling te bidden. In de eenzaamheid die daar heerst voel ik mij vrij om mijn emoties te uiten die ik bij sommige gebedspunten heb. In mijn leven als christen waren er soms momenten waarop ik tot mijn eigen verbazing snikte met een groot, bijna overweldigend lichamelijk schokken. Soms wist ik niet goed wat ik daarmee aan moest. Het voelde haast of ik naar mijzelf stond te kijken en niet de emoties van mijzelf, maar die van iemand anders ervoer. Ik kwam tot de ontdekking dat de Heilige Geest mij soms aanraakt met de merkbare aanwezigheid van God, en in zijn eigen onuitsprekelijke verzuchtingen, mij laat delen in de verlangens van het hart van Christus.

Romeinen 8:26 zegt:

> *'En evenzo komt ook de Geest onze zwakheden te hulp, want wij weten niet wat wij bidden zullen zoals het behoort. De Geest Zelf echter pleit voor ons met onuitsprekelijke verzuchtingen.'*

Vaak stoppen we daar, we zien dat als een persoonlijke ervaring. Omdat dit boek gaat over gezamenlijk gebed, zou ik willen opmerken dat juist dit vers gericht is aan ons allen: 'wij' weten niet wat wij bidden zullen. En wat nu als wij, kerken die bidden, zouden ervaren dat grote golven van verlangen en klagen en vragen ons zouden overstromen? Ik zou wel stellen dat dat af en toe golven van de Heilige Geest ons in een grotere gebedsbijeenkomst kunnen en zouden moeten overspoelen, zodat emoties losgemaakt worden die tonen wat er in Gods hart leeft, en de hele atmosfeer van die gebedsbijeenkomst doordringen.

HET OVERWINNINGSPROCES

Wanneer we bidden: 'Uw koninkrijk kome', brengen we onze gebeden voor dat onderwerp in overeenstemming met de wil en de rechtmatige claim van Christus, zodat Zijn koninkrijk weerspiegeld zal worden en niet dat van de duivel en zijn destructieve duistere activiteiten.

'Want Hij moet Koning zijn, totdat Hij alle vijanden onder Zijn voeten heeft gelegd.'

1 KORINTHE 15:25

Op het eerste gezicht kan dit vers nogal verwarrend overkomen, vooral vergeleken met verzen als Hebreeën 10:12: '...maar deze Priester is, nadat Hij één slachtoffer voor de zonden geofferd had, tot in eeuwigheid gezeten aan de rechterhand van God.' En Kolossenzen 2:15: 'Hij heeft de overheden en de machten ontwapend, die openlijk te schande gemaakt en daardoor over hen getriomfeerd.'

Dergelijke verzen schijnen te zeggen dat het werk gedaan en de overwinning behaald is, en er dus niets meer te doen is. Maar laten we ons voorbeeld van het huis dat bezet is door een indringer of kraker weer oppakken. Het huis is het eigendom van iemand anders. Dat staat vast en is buiten kijf. Maar het verloop van de ontruiming en het verwijderen van de inbraaksporen is een proces. Het wordt afgedwongen, niet om het eigendomsrecht vast te stellen maar vanwege het aanwezige eigendomsrecht. Jezus regeert over alle dingen – alles behoort tot Zijn erfenis. Hij heeft de duivel en al zijn demonen verslagen. Juist omdat dat waar is, kunnen we bidden en het evangelie prediken in het volle vertrouwen dat het effectief zal zijn.

Gezamenlijk gebed is een partnerschap met Christus waarbij de uitwerking van Zijn rechtmatige claim op de aarde wordt bewerkstelligd. Wanneer wij bidden dat mensen tot Christus zullen komen – dat iemand gered zal worden – stemmen we ermee in dat de heerschappij van Christus over die persoon werkelijkheid zou moeten worden. Gezamenlijk gebed in combinatie met getrouwe evangelieverkondiging is de manier waarop de erfenis van Christus bijeengebracht wordt en de heerschappij van Christus wordt gevestigd.

Iets wat ons belemmert om over een langere periode vasthoudend en toegewijd gezamenlijk te bidden, is dat we niet gelijk een verschil zien nadat we gebeden hebben. In feite is het soms zo dat op het eerste gezicht dingen juist slechter lijken te gaan. Onze verwachting komt vaak niet overeen met wat er schijnt te gebeuren. Het is heel belangrijk dat we begrijpen welke verborgen, maar niettemin zeer wezenlijke activiteiten overal om ons heen in de onzichtbare hemelse gewesten plaatsvinden.

> *Toen raakte een hand mij aan en deed me al bevend op handen en knieën steunen. Hij zei tegen me: "Daniël, geliefde man, luister naar de woorden die ik tot je spreek en sta op, want ik*

ben naar je toe gestuurd." Nadat hij dit gezegd had, stond ik bevend op. Toen zei hij: "Wees niet bang, Daniël, want vanaf de eerste dag dat je inzicht probeerde te verkrijgen door in deemoed te buigen voor je God, is je gebed verhoord, en daarom ben ik gekomen. Maar de vorst van het Perzische koninkrijk heeft mij eenentwintig dagen tegengehouden voordat Michaël, een van de voornaamste vorsten, mij te hulp schoot toen ik daar, bij de koningen van Perzië, zo alleen stond. Ik ben gekomen om je inzicht te geven in wat er aan het einde van de tijd met je volk zal gebeuren; want dit is opnieuw een visioen dat over de toekomst gaat."'

DANIËL 10:10-14 (NBV)

Deze verzen laten ons zien dat er vanaf de eerste dag dat Daniël gebeden had, iets in de hemelse gewesten in gang gezet werd ter voorbereiding van het antwoord op het gebed. De verzen laten ons eveneens zien dat tegenwerking van grote geestelijke omvang het verzoek probeerde te blokkeren. Dit had onzichtbare strijd en conflict tot gevolg. Daniël was zich hier absoluut niet van bewust. Het enige dat hij wist, was dat hij getrouw bad en zich soms afvroeg: waarom gebeurt er niets?

Meestal zijn we totaal onbekend met wat er om ons heen gebeurt. Maar het is wel belangrijk om te weten dat volharding resultaat oplevert. En dat, wanneer er ogenschijnlijk niet meteen iets verandert, dit niet betekent dat er geen zware strijd geleverd en grond veroverd wordt. Hoe groter het verzoek en hoe meer de situatie waar wij voor bidden besmet is met kwaad, des te omvangrijker wellicht de strijd in de hemelse gewesten.

Het is zeker zo dat wanneer wij met een groot aantal mensen bidden voor geestelijke herleving en opwekking in een land, of wanneer we stappen zetten om kerken te planten op plaatsen waar weinig kerken zijn, wij ons bewust moeten zijn dat wij stappen zetten op bezet grondgebied waar overheden al generaties lang de scepter zwaaien. Zij zullen een ontruimingsbevel niet zonder slag of stoot accepteren. Ze hebben daar al zo lang gebivakkeerd dat zij zich daar thuis voelen en geloven dat het hun rechtmatig bezit is.

Of onze gebeden nu een krachtige indruk maken of niet, doet er niet echt toe. We moeten bidden in geloof, en vertrouwen op Gods beloften in de overtuiging dat God is Wie Hij zegt dat Hij is en gedaan heeft wat Hij zegt dat Hij gedaan heeft. Maar onze effectiviteit in gezamenlijk gebed komt niet voort uit onze eigen welsprekendheid of door enig intern gezag dat wij van nature in onszelf of binnen de context van onze kerk hebben. Onze effectiviteit in gezamenlijk gebed vloeit vooral voort uit de Heilige Geest die soms ons 'mosterdzaadgeloof' pakt en onze soms stamelende woorden opneemt en daar vruchtbaarheid inblaast.

Nog een ander voorbeeld, deze keer uit het boek Handelingen, na de genezing van de verlamde man. De mensen die het zagen gebeuren waren verbaasd over het wonder, en:

> *'Toen Petrus dat zag, antwoordde hij het volk: Israëlitische mannen, waarom verwondert u zich hierover, of waarom kijkt u ons zo doordringend aan, alsof wij door onze eigen kracht of godsvrucht hebben bewerkstelligd dat deze man nu loopt?'*
> HANDELINGEN 3:12

Er gebeurde een opmerkelijk wonder dat, als we de voorgaande verzen lezen, voortvloeide uit een cultuur en ritme van regelmatig gezamenlijk gebed dat de vroege kerk op waarde geschat had en dat in hun DNA zat.

Dit wonder kwam niet zozeer tot stand door persoonlijke kracht of godsvrucht, maar had zijn wortels in de kracht van de Heilige Geest die in deze schrijnende situatie te hulp kwam. Ons gezamenlijk gebed zoals dat in de cultuur van ons kerkelijk leven is ingebed, schept een atmosfeer en omgeving waarin de Heilige Geest veel makkelijker kan doen wat Hij graag wil doen. Petrus en Johannes verwijzen direct naar Gods kracht; het authentieke kenmerk van de tastbare aanwezigheid van God.

Het gezag dat de apostelen ervaarden was geworteld in hun overtuiging dat Jezus hun dit gezag had gegeven.

> *'Zie, Ik geef u de macht om op slangen en schorpioenen te trappen en de macht over alle kracht van de vijand; en niets zal u schade toebrengen.'*
> LUKAS 10:19

Ook wij ontvangen van Christus dit gezag om Zijn ambassadeurs te zijn en Hem te vertegenwoordigen. We kunnen onze verzoeken tot Hem richten op grond van het vergoten bloed van Christus, daar komt de kracht in het gebed vandaan. Wij zijn zwakke mensen met afdwalende gedachten en onwelsprekende woorden. We worden snel afgeleid, vallen snel in slaap, laten snel de moed zakken en het duwtje dat God ons geeft om te bidden, ontgaat ons. We zijn de zwakste leerlingen, toch zijn we Zijn uitverkoren mensen, en de instrumenten die Hij uitgekozen heeft om ondanks al die zwakheden samen zo te bidden dat Hij de eer ontvangt, zelfs al zijn we zwak in ons bidden.

Ik pleit niet voor het creëren van een soort gebedselite, een gezamenlijke gebeds-Luchtmobiele Brigade; speciale elitetroepen die met kop en schouders uitsteken boven gewone mensen zoals jij en ik. Deze bijzondere mensen zien bovennatuurlijke dingen, kunnen prachtig bidden, gebruiken daarbij woorden die bolwerken doen schudden; mensen die met gemak bergen kunnen verplaatsen. In plaats daarvan ben ik op zoek naar een leger van gewone soldaten. Een leger van gewone mensen die samen standhouden, en elkaar helpen om Jezus te geloven wanneer Hij in feite zegt: 'Luister mensen, wanneer jullie bidden gebeurt er iets.'

We hebben geen uitgebreide woordenschat nodig, we moeten alleen weten van wie dit huis is en dat de rechtmatige eigenaar met alle wettelijke gezag, zijn bezit weer heeft opgeëist. Vervolgens confronteren wij de krakers met het ontruimingsbevel, zij hebben het zich al veel te lang gemakkelijk gemaakt.

8
BOOM
SAMEN BIDDEN IS ALS HET UITGRAVEN VAN EEN BOOMSTRONK

In het jaar 1744 begon Jonathan Edwards zich serieus in te zetten voor gezamenlijk gebed. Hij nodigde alle kerken waar hij contact mee had uit, en vroeg hen om samen met hem regelmatig op vaste tijden te bidden. Een tijd lang baden zij ieder in de eigen woonplaats voor dezelfde dingen. Een paar jaar later legde hij zijn gedachten vast in een boek met de nogal lange titel: *An Humble Attempt to Promote Explicit Agreement and Visible Union of God's People in Extraordinary Prayer, for the Revival of Religion and the Advancement of Christ's Kingdom on Earth.*[23] Later beter bekend onder de veel kortere titel *An*

---

[23] Een Bescheiden Poging om Nadrukkelijke Overeenstemming en Zichtbare Eenheid van Gods Volk in Buitengewoon Gebed te

Humble Attempt – Een Bescheiden Poging. De visie van Edwards voor gezamenlijk gebed werd door William Carey en zijn medewerkers met grote passie overgenomen, wat resulteerde in de vorming van de *Baptist Missionary Society*.

Nog niet zo lang geleden hebben wij onze eigen 'bescheiden poging' gedaan door lokale kerken uit te nodigen samen te komen in hubs, om op verschillende plaatsen maar op dezelfde tijd te bidden. Het is 'buitengewoon gebed' op verschillende locaties met belangrijke specifieke kenmerken. Het is 'nadrukkelijke overeenstemming' omdat de verschillende hubs zich focussen op dezelfde gebedsonderwerpen. Het is 'zichtbare eenheid' omdat we, ook al komen we op verschillende locaties in verschillende tijdzones bij elkaar, toch in onze tijdzones op dezelfde dag op dezelfde tijd bij elkaar komen en onze eenheid laten zien door met grote aantallen mensen voor dezelfde dingen te bidden – 'het gebed van velen'!

Bevorderen, voor de Herleving van Godsvrucht en de Vooruitgang van het Koninkrijk van Christus op Aarde.

BUITENGEWOON GEBED

Het 'buitengewone' aspect van de eerste gebedsbijeenkomsten van Edwards, bestond hieruit dat het niet ging om de wekelijkse of gewone bidstonden van de plaatselijke kerk; maar dat ze georganiseerd werden als aparte gelegenheden met een andere invulling dan normaal. Dit waren serieuze, betekenisvolle en doelgerichte samenkomsten in hun opzet. Oorspronkelijk besloten Edwards en zijn collega's dat zij deze samenkomsten zeven jaar zouden organiseren, dat gaf hun tijd en ruimte om te ontdekken of de gebeden wel of niet beantwoord werden. Edwards wist dat als het om gebed gaat daar tijd mee gemoeid is en dat toewijding op lange termijn nodig is.

ZICHTBARE EENHEID

De kerken die gehoor gaven aan de oproep van Edwards, brachten door gebed hun eenheid in het evangelie tot uitdrukking. Ik ben er nog steeds van overtuigd dat het kleine begin van onze *Enough* gebedsavonden het potentieel heeft om nog vele duizenden meer te betrekken in deze zichtbare eenheid. We hebben kerken gevraagd om als dat mogelijk is, samen te komen in 'hubs' (met misschien een minimum van twee of drie kerken), en idealiter ten minste 100 mensen. Deze hubs brengen op die manier concreet onze zichtbare eenheid tot uitdrukking, waarbij de deelnemers weten dat zij deel uitmaken van een groter geheel. Op verschillende manieren maakt de technologie het mogelijk om op grotere schaal dan vroeger ooit denkbaar was, eenheid zichtbaar te maken door live streaming, skype en videogesprekken en -berichten. Zelfs als we in andere continenten en tijdzones leven, kunnen we een bepaalde mate van zichtbare eenheid ervaren.

NADRUKKELIJKE OVEREENSTEMMING

Het is prachtig wanneer veel kerken samen komen om te bidden voor gemeenschappelijke gebedsverlangens, het laat het eensgezinde karakter van de tijd van gebed zien. Edwards besefte dat de gebedsagenda moest gaan over wat God gezegd had dat Hij wilde doen: 'Dat wat God veelvuldig belooft zou Gods volk veelvuldig tot het onderwerp van hun gebeden moeten maken.'[24]

---

[24] Edwards, *A Call to United Extraordinary Prayer*, pag. 106.

Ons voorbeeld was afkomstig van Jonathan Edwards, maar we lieten ons inspireren door Paulus. De tekst die ons inspiratie gaf was 2 Korinthe 1:11. Paulus schrijft daar aan de kerk in Korinthe en hij denkt na over de missie die hij heeft en hij beseft hoe enorm groot die is en de uitdagingen die dat met zich meebrengt. Hij zegt tegen de Korintiërs:

'U moet ons ook helpen in gebed, opdat velen voor ons zullen danken voor de zegen die wij hebben ontvangen door de gebeden van velen.' [25] *(Vertaling van de ESV)*

Juist dat laatste kleine zinnetje 'de gebeden van velen' trok onze aandacht toen we nadachten over gezamenlijk gebed. Eerlijk gezegd komen we in heel het Nieuwe Testament niet vaak iets tegen waar Paulus of één van de andere nieuwtestamentische schrijvers verwijzen naar het belang van de omvang van de plaatselijke kerk als iets wat belangrijk is voor de vruchtbaarheid van de missie. Ja, we willen allemaal dat de kerk groter wordt en groeit en dat steeds meer mensen

---

[25] *'You also must help us in prayer, so that many will give thanks on our behalf for the blessing granted us through the prayers of many.'* – 1 Corinthians 1:11 (English Standard Version)

de Heer zullen leren kennen, maar zelfs een kleine kerk kan vrucht dragen als zij op de plek waar zij is, groeit – er is niet een optimale grootte als het gaat om vruchtbaarheid.

Bij het lezen van deze tekst krijg ik de indruk dat Paulus zich er diep van bewust was, dat gebed effectiever is naarmate er meer mensen bij betrokken zijn, omdat hij spreekt over 'de gebeden van velen' die feitelijk de antwoorden uit de hemel bewerken waarvoor wij kunnen dankzeggen.

Maar ook Spurgeon schijnt de kracht op te merken die vrijkomt wanneer veel mensen samen bidden:

'Gisteren zei iemand iets tegen mij over gebedsbijeenkomsten, hij beweerde dat het gebed van twee- of drieduizend mensen evenveel kracht heeft als gebed van twee of drie mensen. Ik denk dat dit een zware misvatting is op veel gebieden (…) want is het je nooit opgevallen dat wanneer velen samen komen om te bidden de warmte van het verlangen en het vuur van de ijver enorm toenemen.' [26]

---

[26] C. H. Spurgeon, 'The Special Prayer Meeting' 20 juli 1875 www.spurgeon.org/resource-library/sermons/the-special-prayer-meeting#flipbook/

Waar leiden we uit af dat dit gebedsconcert, dit samenkomen in gebed meer effect zou hebben omdat we met velen zijn?

Enkele jaren geleden stond in onze achtertuin een coniferenboom die immens groot was geworden. Maar er kwam een moment waarop we de boom moesten verwijderen. Omdat ik nog nooit een boom had gerooid, zaagde ik hem vlak boven de grond af en begon daarna aan de lange, moeizame taak om alle wortels uit te graven. Dat nam nogal wat tijd in beslag en kostte veel zweetdruppels, en er zijn vast wel wat wortels achtergebleven. Het was de eerste keer dat ik zoiets deed en het verdiende geen schoonheidsprijs. Toen ik klaar was, dacht ik: zoiets ga ik niet nog eens doen als ik haast heb! Het uitgraven van de wortels nam veel tijd in beslag – voor een man alleen was het een grote klus.

Enkele jaren later stond er in onze tuin een wilg die ook te groot was geworden, maar nu in onze voortuin. Ik weet nog dat ik met enige bezorgdheid aan al die wortels dacht die weer uitgegraven moesten worden. Een vriend, die veel meer weet over boomonderhoud dan ik, gaf me een paar adviezen. Hij zei dat als je een boom rooit, je deze beter op ooghoogte kunt afzagen en niet vlak boven de grond. Hij wist dat als we hem op ooghoogte zouden afzagen, we met behulp van een paar man de boomstronk goed konden beetpakken en hem van zijn plaats konden wrikken. Met z'n allen konden we op die manier veel gemakkelijker de wortels losmaken dan met een schop zou gaan.

We volgden zijn advies op, en hoewel er rond de boomstronk nog steeds heel wat graafwerk verzet moest worden – hij kwam niet zomaar los van de grond – was er toch een groot verschil tussen het omver halen van de stronk met een groep vrienden, en het eigenhandig uitgraven van de wortels met een schop. Hoe meer vrienden je hebt om je te helpen bij het loswrikken van de stronk des te gemakkelijker kun je de wortels uitgraven.

Toegepast op gezamenlijk gebed, maakt dit voorbeeld iets duidelijk. Zelf bidden is krachtig ook als je alleen bent. Jakobus vertelt ons dat Elia een man was zoals wij, en dat het gebed van een rechtvaardig mens krachtig en effectief is (Jakobus 5:16-18). We weten dus dat het gebed van één persoon een enorm verschil kan maken. Toch lezen we ook in de Bijbel nadrukkelijk dat wanneer kerken samen komen en alle generaties vertegenwoordigd zijn – of je nu pas christen bent of al jarenlang, of je nog een kind of al gepensioneerd bent, welke leeftijd en welke ervaring je ook hebt – en als wij dan met elkaar onze gebeden gezamenlijk opheffen tijdens deze grote gebedsconcerten, dan gebeurt er iets onvoorstelbaar krachtigs dat in het geestelijke dingen kan losmaken.

De wortels geven een beeld van de infiltratie van de vijand in de wereld om ons heen. De Bijbel zegt dat de aarde en alles wat erop is van de Heer is. Maar de duivel is gekomen als een dief, een leugenaar, een bedrieger en een vernietiger, en we kunnen zien hoe de demonische wortels van zijn werk allerlei gebieden van onze wereld binnendringen. Ze dringen door in de landen waar we wonen, de gemeenschappen waar we deel van uitmaken, en in de levens van de mensen om ons heen die we kennen en liefhebben, maar ook in grote mondiale problemen. In sommige delen van de wereld zijn de wortels van de vijand soms zo verwoestend dat je amper nog grond kunt zien. Misschien vragen we ons af: hoe kunnen we deze wortels er ooit allemaal uitgraven?

Maar al lijken die wortels ondoordringbaar; de aarde is van de Heer. Deze wortels horen daar niet en moeten uitgegraven worden. Wanneer we met velen bidden (onze visie voor

Enough is dat er ten minste 20.000 mensen wereldwijd aan zullen deelnemen), zal de grotere kracht om iets los te maken ervoor zorgen dat we zullen gaan zien dat bolwerken van de vijand uitgegraven zullen worden. De grond zal vrijgemaakt en in cultuur gebracht worden om de zaden van Gods koninkrijk te kunnen ontvangen.

Dus als we ons dan samen voor ons gebedsconcert inzetten, en voor dezelfde dingen bidden, de video's bekijken, de briefkaarten beschrijven, aan de activiteiten deelnemen en bidden dat mensen de Heer zullen leren kennen, werkt ieder gebed dat ieder van ons bidt als een machtige hefboom om deze enorme boomstronk los te wrikken. Samen kunnen we zeggen: 'Laat Uw koninkrijk komen, laat Uw wil geschieden, op aarde – zelfs op aarde – zoals in de hemel'. We zullen loswrikken door ons samen in te zetten en te trekken, ons geestelijk gewicht werkt als een hefboom zodat de wil van God op aarde tot stand komt zoals in de hemel.

Nu betekent dat niet dat we er niet meer op uit hoeven te gaan en niet hard werk moeten werken! We zullen nog steeds het evangelie moeten delen om invloed uit te oefenen op onze omgeving en om het goede nieuws te zijn voor de mensen om ons heen, we zullen ook nog wel met de schop moeten graven – gebed vervangt niet het werk dat we moeten doen. Jezus zei dat we de hele wereld in moesten trekken en het evangelie prediken, dus we moeten nog wel aan de slag, maar het werk voor het koninkrijk zal veel makkelijker gaan als we van tevoren al in gebed begonnen zijn aan het loswrikken van de dingen die we graag zien gebeuren, zodat wanneer we graven naar die wortels, ze veel makkelijker loskomen.

DOE JE MEE AAN DE REVOLUTIE?

Het doel van dit boekje is om jou en jouw gemeente te werven voor een deelname aan een gebedsrevolutie. Gezamenlijk gebed heeft in alle generaties en landen getijden van eb en vloed gekend waarin God heeft gehandeld en gewerkt onder vele volken.

Wij hebben buitengewone mogelijkheden om in onze wereld dingen te veranderen door wat we doen én zeggen, maar veel fundamenteler nog door onze gezamenlijke gebeden.

'Door gebed is er geen probleem dat niet kan worden opgelost, geen ziekte die niet kan worden genezen, geen last die niet kan

worden verlicht, geen storm die niet tot bedaren kan worden gebracht, geen verwoesting die niet kan worden tenietgedaan, geen verdriet dat niet kan worden gestild, geen armoedecirkel die niet kan worden doorbroken, geen zondaar die niet kan worden gered, geen ellende die niet kan worden opgeheven, geen gevallene die niet kan worden opgebeurd, geen pijn die niet kan worden weggenomen, geen verbroken relatie die niet kan worden hersteld, geen verschil dat niet kan worden opgelost, geen hindernis die niet kan worden geslecht, geen beperking die niet kan worden overwonnen, geen rouw die niet kan worden vertroost, geen as die niet in schoonheid kan worden omgezet, geen verslagenheid die niet bedekt kan worden met een lofgewaad, geen dorst die niet kan worden gelest, geen honger die niet kan worden gestild, geen droge grond die niet kan worden bevloeid, geen woestijn die niet kan bloeien, geen gemeente die niet kan worden opgewekt, geen prediker die niet kan worden gezalfd, geen kerkbanken die niet kunnen worden gevuld, geen kerkleidersteam dat niet één kan worden, geen samenleving die niet tot Christus kan komen en geen land dat niet kan worden veranderd.' [27]

Als het bovenstaande waar is, en ik geloof dat het waar is, laten we dan gezamenlijk gebed 'besmettelijk' maken en de

---

[27] Anoniem, (aangepast door Tony Cauchi) Mary Stewart Relfe, *Cure of all Ills* (League of Prayer, 1988), pag. 5. www.revival-library.org/index.php/resources-menu/revival-quotes/prayer

revolutie voortzetten. Dan zullen we niet alleen zien dat het in onze omgeving veel vruchten zal afwerpen, het zal er ook aan bijdragen dat gebed weer een vooraanstaande plaats gaat innemen in het leven van de kerk, want daar hoort het thuis.

9
APPENDIX: GEREEDSCHAPSKIST
EEN PAAR PRAKTISCHE HANDVATTEN OM TE GROEIEN IN GEZAMENLIJK GEBED

'De hemel is voor Mij een troon en de aarde een voetbank voor Mijn voeten. Wat voor huis zult u dan voor Mij bouwen, zegt de Heere, of wat is de plaats van Mijn rust?'

HANDELINGEN 7:49

'En Hij gaf onderwijs en zei tegen hen: Staat er niet geschreven: Mijn huis zal een huis van gebed genoemd worden voor alle volken? Maar u hebt er een rovershol van gemaakt.'

MARKUS 11:17

'Want de HEERE heeft Sion verkozen, Hij heeft het begeerd tot Zijn woongebied. Dit is, zei Hij, Mijn rustplaats tot in eeuwigheid, hier zal Ik wonen, want naar haar heb Ik verlangd.'

PSALM 132:13-14

We kiezen allemaal waar we in willen investeren of waar we geld aan willen uitgeven of waar we tijd voor vrij willen maken. Als we keuzes maken gaat het over het algemeen om dingen die we het meest waarderen, die ons het meest enthousiast maken en het meest interesseren. We zullen alleen tijd en energie stoppen in de bouw van een huis (een huis van gebed) als we de waarde zien van wat we bouwen. Dan zullen we ontdekken dat we gebouwd hebben aan een diepe relatie met God en een adembenemende woning.

Eileen Crossman gebruikte in haar boek een analogie die afkomstig is van James Fraser. Fraser probeerde de Lisu stam in China te bereiken met het evangelie. Hij zei:

> *Ik voel me als een zakenman, die merkt, dat een bepaald artikel meer winst oplevert dan enig ander, en die zich daarop wil specialiseren; die inderdaad een onuitputtelijke voorraad en een schier ongelimiteerde vraag naar dit winstgevende artikel ziet en van plan is zich daar meer op te werpen dan op iets anders. De vraag is de verdeeldheid van duizenden Lisu en Kachin; hun onwetendheid, hun bijgeloof, hun zonden; hun lichaam, ziel en geest. Het aanbod is de genade Gods om in deze noden te voorzien. Dit aanbod wordt tot hen gebracht door de aanhoudende gebeden van een grote kring van Gods kinderen.*

Alles wat ik wil doen is, als tussenpersoon fungeren, die vraag en aanbod samenbrengt.' [28]

Fraser concludeerde:

'Ik dacht altijd dat gebed op de eerste plaats moest komen en onderwijs op de tweede plaats. Nu heb ik het gevoel dat we er beter aan doen gebed op de eerste plaats, de tweede en derde plaats te zetten, en onderwijs op de vierde plaats.' [29]

Een huis van gebed bouwen; een kerk waar alles doortrokken is van gebed, vraagt van iedereen tijd, moeite en investering. Sommige dingen kun je het best met anderen samen doen. Natuurlijk moeten we bidden als we op onszelf zijn, maar bidden met anderen is voor ons christelijk leven net zo belangrijk. Gebed lijkt op het bouwen van een groot huis. Wanneer iemand dat zelf wil bouwen zonder hulp van anderen, duurt het veel langer voor het project voltooid is dan wanneer anderen zouden hebben meegeholpen.

Of je nu timmerman of hartchirurg bent, loodgieter of professor, kind of bejaarde, introvert of extravert, geletterd of

---

[28] Eileen Crossman, *Als het regent in de bergen (Uitgeverij Novapres)*.
[29] Ibid.

analfabeet, academisch geschoold of meer praktisch ingesteld; wie je bent en hoe je ook in elkaar steekt, de bouw van dit huis van gebed heeft jou nodig. Een deel van de constructie heeft God voor jou bestemd en aan jou toegewezen. Als jij niet meedoet aan de bouw, kan het zijn dat er een gat in het dak blijft zitten!

Maar het zou net zo slecht het zijn als het gezamenlijk gebed in de kerk maar op één manier zou worden geleid of aan een bepaald soort werker aan het project zou worden toegewezen. Want dan ontstaat de situatie dat alleen gelijkgezinde mensen zouden kunnen deelnemen aan gezamenlijk gebed, waardoor jij het gevoel krijgt dat je werkloos en nutteloos bent. Ik ben ervan overtuigd dat gezamenlijk gebed niet iets is voor experts, het is voor alle volgelingen van Christus en zou met een klein beetje aanpassing en toewijding van onze kant in een vorm gegoten kunnen worden die ons allemaal makkelijk past. Iets bouwen vraagt inzet. Als je iets probeert te bouwen maar het gevoel hebt dat je er niet voor opgeleid bent, is dat frustrerend en demotiverend.

Gebed heeft wat training nodig, net zoals alles wat gebouwd wordt training en vaardigheid nodig heeft. Toch kunnen we allemaal leren bidden. Denk aan Jezus, Hij leerde zijn discipelen hoe ze moesten bidden. Zij beseften dat ze wel wat hulp nodig hadden om het goed te doen. Leren hoe je het gereedschap voor gezamenlijk gebed moet gebruiken lijkt op stage lopen. Het vraagt van ons dat we het product dat we willen maken al in gedachten voor ons zien. We moeten het gereedschap steeds opnieuw gebruiken totdat we kunnen maken wat we al in gedachten hadden. Veel van mijn beste gebeden en preken kwamen tot stand na een tijd van dagdromen of nachten van half waken en slapen. Als ik dan wakker word, denk ik: ik wou dat ik net zo kon bidden als ik dat zelf zou proberen!

Gezamenlijk gebed is samenwerken met God en Zijn volk. Hij weet wat Hij aan het bouwen is. Hij ziet in gedachten het ontwerp van het huis. Wij werken niet op eigen houtje om Hem te bereiken, Hij werkt samen met ons aan een project. We moeten in gedachten houden dat de overwinning wordt behaald door onze bereidheid om te gehoorzamen en niet door onze kundigheid en ons vakmanschap. Zelfs wanneer we merken dat we niet kundig en bekwaam zijn, dan nog zijn Zijn genade en liefde genoeg en volmaakt voldoende voor alles wat ons ontbreekt. Hij is groot genoeg om ons te redden van alles wat verkeerd is bij ons. Hij neemt de druk op zich, Hij is de voorman en de baas. Hij ziet meer uit naar de bouw van het huis dan wij. Hij zegt: 'Mijn huis zal (…) zijn…' (Lukas 19:46). Het is van Hem, niet van ons.

Welk gereedschap hebben we dan nodig; hoe bouwen we dit huis van gebed? Met andere woorden: hoe ziet de ideale gezamenlijke bidstond eruit en hoe past alles in elkaar?

VASTEN

Vasten heb ik altijd verwarrend gevonden. Omdat het iets is wat we doen, vroeg ik me af: Maakt het mijn gebeden effectiever? Het voelde aan als 'werken' – iets wat we doen om iets te verdienen. Maar wat me geholpen heeft is de gedachte dat vasten een soort wapen is om terrein te veroveren en niet een 'werk' om iets te verdienen.

Ik moet denken aan de film *Crocodile Dundee* en de scène waarin Mick Dundee wordt geconfronteerd met jongeren die een mes trekken om hem aan te vallen en te beroven. Mick kijkt dan minachtend naar hun mes en zegt: 'Dat is geen mes; *dít* is een mes', en vervolgens trekt hij zijn survival jagersmes, waarbij het mes van zijn begerige belagers maar speelgoed lijkt. Vasten lijkt op zo'n soort mes! Er zijn momenten waarop de combinatie van gebed en vasten heel adequaat en krachtig is. Nehemia 1:4 geeft daarvan een goed voorbeeld: 'Het gebeurde, toen ik deze woorden hoorde, dat ik ging zitten en begon te huilen. Ik bedreef enkele dagen rouw, terwijl ik voor het aangezicht van de God van de hemel vastte en bad.' Toen Nehemia vernam hoe slecht het ging met Jeruzalem en het volk van God, raakte dat zijn hart en hij begreep hoe God zich ook gevoeld moest hebben. Zijn gebeden in deze situatie mengden zich op terechte en krachtige wijze met een tijd van vasten voorafgaand aan een tijd van werken aan het herstel.

Onlangs heb ik ontdekt dat een simpele routine van vasten tijdens lunchtijd op vrijdag haalbaar is; die tijd gebruik ik om, als het kan, bij God te zijn en in gebed verschillende dingen bij God neer te leggen. Vasten helpt me in mijn besluit dat ik niet door mijn eetlust geregeerd wil worden; dat mijn prioriteit en aanbidding boven alles naar God gaat. Vasten helpt me ook om uitdrukking te geven aan mijn verlangen dat God zal handelen, en maakt me nederig als ik mij opnieuw realiseer dat ik voor alles volledig afhankelijk ben van God.

Zoals Jezus dat onder woorden bracht: 'De mens zal niet van brood alleen leven'.

In een gemakzuchtige cultuur kan vasten moeilijk zijn, maar wanneer we onszelf openstellen voor en willen leren van de wereldwijde kerk, ontdekken we dat in landen waar vervolging van de kerk een normale zaak is, het vasten een essentieel stuk gereedschap is voor de bouw van de kerk.

AANBIDDING

Het helpt zonder meer wanneer er tijdens een samenkomst goede muzikanten zijn die de aanbidding willen begeleiden. Een voltallige band is niet noodzakelijk, maar gewoon iets waardoor muziek tijdens de hele gebedsbijeenkomst mogelijk is als dat gewenst is. Mijn voorkeur gaat uit naar een aanbiddingsleider die bekende liederen die door gemeenteleden worden ingezet, kan oppakken, en die zowel het zingen in de Geest (klanktaal) als de collectieve zang kan begeleiden wanneer mensen psalmen, geestelijke liederen en in klanktaal zingen. Een ervaren leider herkent welke liederen geschikt zijn en kan die ook op het juiste moment inzetten, ook als ze niet op de 'geplande liederenlijst' voorkomen.

Aanbidding en dankzegging moeten gericht zijn op het wezen en het karakter van God, zijn beloften en werken voor ons. Psalm 100:4 (WV) zegt: 'Ga zijn poorten binnen om Hem te danken, ga zijn voorhof binnen om Hem te loven; dank Hem, prijs zijn heilige naam.' Bij God komen, Hem danken voor Wie Hij is en wat Hij gedaan heeft, is een onmisbaar bestanddeel van ons gebed. We denken in de eerste plaats na over Degene met Wie we praten, en daarna pas over de grootte of de complexiteit van het probleem.

GEESTESGAVEN TIJDENS GEZAMENLIJK GEBED

Weten wanneer je de voorbereiding los moet laten omdat de Geest een andere weg schijnt te wijzen, en weten hoe je van een omleiding door de Heilige Geest weer terugkomt in wat voorbereid was, is niet gemakkelijk aan te leren of te doen. Daarom geef ik altijd de voorkeur aan een team dat de gebedsbijeenkomst leidt, zodat je met twee of drie mensen kunt overleggen wat de volgende stap zou moeten zijn als we God willen volgen in wat Hij aan het doen is.

PROFETIE

Vooral in kerken die heel bekend zijn met charismatische gaven, merk ik vaak dat er een grote tactische fout wordt gemaakt wanneer direct nadat we gehoord hebben welk onderwerp aan de orde komt, veel te snel proberen te verstaan wat God wil zeggen. Niet-charismatische kerken zijn vaak beter in het bidden omdat ze niet weten wat ze anders moeten doen! Leg je gebedsverzoeken bij God neer, overhaast profetie niet. Profeteer er niet over; bid ervoor!

Dit gezegd hebbende, wanneer kerken echte profetische woorden ontvangen, geeft God ons hiermee een groot deel van de gebedsagenda voor de kerk in het komende seizoen. We moeten bidden dat Zijn profetische beloften werkelijkheid worden, hoeveel tijd dit wellicht ook vraagt. Het is niet de bedoeling dat profetische woorden gearchiveerd en vergeten worden; ze dienen als brandstof voor voortgaande visie en gebed.

DE GAVE VAN KLANKTAAL

Het belang van het bidden met mijn geest én met mijn verstand, zien we in 1 Korinthe 14:15 waar Paulus zegt: 'Hoe is het dan? Ik zal met mijn geest bidden, maar ik zal ook met mijn verstand bidden. Ik zal met mijn geest lofzingen, maar ik zal ook met mijn verstand lofzingen.' Tijdens gezamenlijk gebed gebeurt het vaak dat we ons moe voelen en dat het ons aan mentale kracht ontbreekt. Ik denk echter dat wij westerse mensen meer volharding zouden moeten tonen en meer in klanktaal zouden moeten bidden dan we fijn vinden, misschien zelfs in die mate dat ons logisch denken zich beledigd voelt. En tegen degenen die wellicht zeggen: 'En buitenstaanders dan?', zou ik willen zeggen dat gezamenlijke gebedsbijeenkomsten van de kerk voor de kerk bedoeld zijn. Op een andere plek heb ik al geschreven over het gebruik van klanktaal als we bij elkaar zijn[30], dus ik zou kunnen volstaan met de opmerking dat ik geloof dat dit een belangrijke component is voor gezamenlijk gebed, of het nu gesproken of gezongen wordt.

---

[30] www.thinktheology.co.uk/blog/article/tongues_and_more_tips_a_response_to_andrew_wilson

PLANNING

De planning van een gezamenlijke gebedsbijeenkomst van meerdere kerken is heel belangrijk. De planning moet de spontaniteit bevorderen en niet belemmeren. Wanneer we al het gereedschap in onze gereedschapskist hebben verzameld en de planning vastligt, kun je daar je eigen ontwerp en stijl aan toevoegen om een item passend te maken. Ben Patterson zegt:

'Goed gezamenlijk gebed in een grote groep vereist zeker zoveel planning en voorbereiding als iedere andere samenkomst waarin we God aanbidden. Veel gebedsbijeenkomsten schieten precies op dit punt tekort. We gaan er om een of andere reden vanuit dat een gebedsbijeenkomst "gewoon" spontaan door de Geest geleid zal worden en dus geen voorbereiding nodig heeft omdat planning ergens de werking van de Geest zou kunnen verstikken.' [31]

Goede planning wil zeggen dat er een agenda is voor de samenkomst. Degene die de leiding heeft, zou de samenkomst moeten sturen en de tijd in de gaten moeten houden. Ik heb ontdekt dat mensen makkelijker meedoen aan gezamenlijk

---

[31] Ben Patterson, *Deepening your Conversation with God* (Bethany House Publishers, 1999, 2001), pag. 169.

gebed als de agenda vlot verloopt, veel creatieve elementen heeft en volop uitnodigt tot deelname. Er zullen ongetwijfeld momenten zijn waarop de Geest van God de leiding van een samenzijn of een deel van de agenda overneemt en daar moeten we alle ruimte aan geven, zelfs wanneer dat betekent dat er dingen zijn die we voor een volgende keer moeten bewaren, maar het is beter een plan te hebben dat losgelaten moet worden dan helemaal geen plan te hebben.

INDELING VAN DE RUIMTE

En dan ook nog de volgende suggestie: denk na over de indeling van de gebedsruimte en vermijd rijen met stoelen zoveel mogelijk. Hardop bidden en gelijk opletten dat je niet in de oren toetert van iemand die vlak voor je staat, is al moeilijk genoeg. De kerk is een familie die bij elkaar komt; we zijn geen vreemden die in een bus zitten.

Ik zou daar aan toe willen voegen dat het mooi zou zijn als hubs in de zaal van de samenkomst plekken creëren waar op diverse manieren gebeden kan worden, als dat tenminste mogelijk is; dat maakt het vooral voor kinderen veel makkelijker om mee te doen.

GEBEDSAGENDA'S

Waar bidden we voor? Eén ding wat we zeker sterk moeten benadrukken is het volgende: we moeten leren hoe we bij God de dingen kunnen neerleggen die Hij beloofd heeft te doen. Zoals Jonathan Edwards dat onder woorden bracht: 'Dat wat God veelvuldig belooft zou Gods volk veelvuldig tot het onderwerp van hun gebeden moeten maken.'[32]

Als we God in onze gebeden herinneren aan de beloften die Hij heeft gegeven, gaat het niet alleen over de kleine maar wel belangrijke details van ons leven ('Geef ons heden ons dagelijks brood'), het richt ook onze blik omhoog naar de uitgestrekte en wereldwijde horizon van Gods bedoelingen op de aarde ('…dat de berg van het huis van de HEERE vast zal staan als de hoogste van de bergen…' (Micha 4:1)).

Een gebedsagenda vaststellen voor een gezamenlijke bidstond kan heel goed aan de hand van de gebedspunten in het Onze Vader. Aanbidding, dankzegging, God, Zijn wezen en Zijn beloften, verzoeken om interventie en leiding,

---

[32] Edwards, *A Call to United Extraordinary Prayer.* pag. 106.

persoonlijke collectieve noden met betrekking tot voorziening en reiniging, oproepen om bevrijding van kwaad, enzovoort. Leer mensen daadwerkelijk in gebed te zeggen: 'Heer, U hebt gezegd…' En gebruik dat als de basis waarop wij onze verzoeken overbrengen. Dit is niet alleen Bijbels, het voorkomt ook dat wij in gebed de nadruk leggen op fictieve of verkeerde dingen.

Iets wat ik me nog van de kerk van vele jaren terug herinner, is dat de 'dominee' op een bepaald moment in de dienst bad. Meestal bad hij dan ook voor het land, voor de lopende zaken, voor de kerk, en hij deed een beroep op God dat Hij de mensen in onze plaatselijke gemeenschap zou behoeden, aanraken en genezen. Het had een bepaalde waardigheid die ik nooit ben vergeten. Ik zou willen pleiten voor een herstel van dit gebruik. Het heeft iets bijzonders wanneer iemand in een bijeenkomst waar collectief gebeden wordt, de kerk voorgaat in gebed voor het land of grootschalige zaken. Het is een manier waarop we vorm kunnen geven aan de aanmoediging van Timotheüs om niet te vergeten 'vóór alles' voor 'koningen en allen die hooggeplaatst zijn' te bidden (1 Timotheüs 2:1-2) – het zou een kenmerk van de bijeenkomst moeten zijn. Kerken waar spontaniteit en afwezigheid van formaliteit gekoesterd worden, zou ik erop willen wijzen dat er niets mis is met het voorbereiden van een dergelijk gebed, of tenminste de dingen die je erin wilt opnemen, en om dan vijf minuten uit te trekken om de gemeente hierin voor te gaan tijdens een verder ongestructureerde samenkomst.

Een ander populair kenmerk van onze grootschalige gezamenlijke *Enough* gebedsavonden zijn de briefkaarten, de *Prayer Postcards*. We selecteren elke keer twee of drie kerkplantingen of pioniersplaatsen van onze kerkfamilie en maken daar op locatie een korte video opname. Met alle hubs bekijken we dan die video's waarin ook de diverse gebedspunten voor iedere kerkplant worden genoemd. Daarna trekken we enige tijd uit om gezamenlijk met velen voor die kerkplant te bidden. Aan het einde van de gebedstijd worden kaarten uitgedeeld en krijgt iedereen de tijd om gebeden, Bijbelteksten, profetische bemoedigingen enz., voor iedere kerkplant op te schrijven. Vervolgens worden de kaarten verzameld en allemaal tegelijk naar de kerkplanten verstuurd. Vooral kinderen vinden dit prachtig om te doen. George, een jongetje in onze gemeente, heeft zichzelf aangesteld als verzamelaar van de kaarten. Iedereen die een kaart niet binnen de gegeven tijd invult, krijgt een strenge blik van George!

We kunnen ook gebruik maken van formuliergebeden of geloofsbelijdenissen, die hoeven we niet af te wijzen. We hebben de neiging om dat wat als 'traditioneel' wordt gezien, af te schrijven, maar sommige van die gewoonten zijn zeker waardevol. Uitgeschreven gebeden, formuliergebeden of geloofsbelijdenissen kunnen buitengewoon nuttig gereedschap zijn. Ontdek opnieuw de stuwkracht daarvan, dan kan die praktijk opnieuw tot leven komen. Laat ze voorlezen door iemand die dat goed kan, of projecteer ze op een scherm en lees ze samen hardop voor, en sluit dan af met een krachtig, collectief: 'Amen.' Deze zorgvuldig geformuleerde historische bronnen hebben de test van de tijd doorstaan en kunnen ongelooflijk krachtig zijn. Vooral de geloofsbelijdenissen kunnen een geweldig paslood zijn voor de kerk met betrekking tot waarheid en dwaling.

Na de samenkomst is het misschien goed om mensen die voor het eerst hardop gebeden hebben of een nuttige bijdrage hebben geleverd, een bericht of e-mail te sturen om hen te bemoedigen.

KINDEREN BETREKKEN BIJ GEZAMENLIJK GEBED

Dit onderwerp laat ik over aan mijn vrienden Daniel en Anna Goodman uit Cambridge:

'In de samenkomsten van de kerk wordt heel wat afgepraat. Praten is een geweldige manier om te onderwijzen en te leren... maar het is niet de enige manier. Iets wat Enough *daaraan toevoegt, is variatie, niet alleen aan de manier waarop we bidden, maar aan de manier waarop we leren. Spreuken 22:6 (*NBV*) zegt: "Leer een kind van jongs af aan de juiste weg, en het zal er niet van afwijken wanneer het oud geworden is." Wanneer we ons gezin meenemen naar* Enough, *laten we onze jongens zien dat gebed belangrijk is voor ons. En omdat daar zoveel andere gezinnen zijn, zien ze dat het ook belangrijk is voor andere mensen. Ze hebben dit niet geleerd omdat we het hun vertelden, maar omdat ze het hebben ervaren. Zo voeden we onze kinderen op met de bedoeling dat zij zelf tot de ontdekking komen dat gebed krachtig en daadwerkelijk deel uitmaakt van ons dagelijks leven.*

De visuele impact van het zien van een landkaart kan een groter begrip van afstanden opleveren. De fysieke handeling van het sturen van een bemoedigende kaart kan op zich al bemoedigend zijn! Het contrast tussen een drukke hal vol lawaai en een rustige ruimte om na te denken, kan inderdaad aanzetten tot nadenken. De gemeenschappelijke dynamiek van samen zingen of samen eten kan meer inhoud geven aan wat "familie zijn" betekent. Dit zijn allemaal manieren waarop we onze kinderen leren hoe ze kunnen bidden en leven.

Niet alleen onze kinderen, maar iedereen. Als we bij de verschillende "prayer stations" stil stonden, zagen we hoe andere ouders hun kinderen betrokken bij de onderwerpen, soms ook door hun moeilijke vragen te stellen, waardoor we iets leerden over hoe we een godvruchtige vader en moeder kunnen zijn. In Mattheüs 11:25 staat: "In die tijd antwoordde Jezus en zei: Ik dank U, Vader, Heere van de hemel en van de aarde, dat U deze dingen voor wijzen en verstandigen verborgen hebt, en ze aan jonge kinderen hebt geopenbaard." Niet alleen leren onze kinderen gedurende deze tijden van gebed van ons; we leren ook van hen als God dingen aan hun hart openbaart. Ze helpen ons om kinderlijk te blijven in de manier waarop we bidden.'

ATMOSFEER

Zelf wil ik graag dat de atmosfeer niet kerkelijk en formeel maar ontspannen en relationeel is. Ik denk dat praten met elkaar en iets verfrissends drinken voor een gebedsbijeenkomst begint, juist kan helpen om alles op gang te brengen. Ongedwongenheid met eerbied is een machtige mix.

Natuurlijk is het goed om aan het begin van de samenkomst verhalen en getuigenissen over duidelijke en concrete gebedsverhoringen te delen, maar moedig de mensen ook aan om te vertellen wat God in hun leven aan het doen is. Soms hebben we de hulp van anderen nodig om de verbanden te zien die onszelf zijn ontgaan. In feite heeft wat we God nu zien doen vaak zijn oorsprong in de gebeden van een tijd terug. Als dat het geval is, vier dan alles wat je God ziet doen, dat bouwt geloof op voor meer; want vertellen over wat God gedaan heeft, maakt enorm veel kracht vrij. De samenkomst op de eerste zondag van elk jaar is bij mij favoriet, want de samenkomst van onze plaatselijke gemeente is dan helemaal gereserveerd voor dankzegging en getuigenissen over wat God in het afgelopen jaar in de levens van de mensen heeft gedaan. Elke keer is dit voor mij een buitengewoon ontroerend en krachtig samenzijn!

MOMENTUM

Soms echter moeten we onszelf gewoon tot gebed aanzetten. Het gebeurt niet vaak dat we uit bed komen en denken: ik zie er zo naar uit om naar mijn werk te gaan! Maar of we het nu leuk vinden of niet, we moeten gewoon gaan. Zo is het ook met gebed; we kunnen onszelf tot gebed aanzetten vooral wanneer we met anderen samen zijn, omdat het in ons allen iets wakker maakt. Net als op die dagen dat je naar je werk gaat en het samenzijn met je collega's je erbij betrekt. Gevoelens op zich zetten gebed niet in beweging, het kost moeite. De Bijbel staat vol stellingen (waarheden over ons waar we niets voor hoeven te doen, bijvoorbeeld dat we opgewekt zijn met Christus) en opdrachten (dingen die we moeten doen om wie we zijn, bijvoorbeeld getuigen van ons geloof).

Mensen bloeien open wanneer zij aangemoedigd worden. Vermijd saaiheid, schep in plaats daarvan een sfeer van verwachting: wat zal God vanavond doen in de bijeenkomst? Praat niet te lang aan het begin of wanneer je het volgende onderwerp aankondigt. Houd het kort en simpel en ga door. Sommige mensen hebben voor de introductie van het onderwerp zoveel tijd nodig dat er nog maar twee minuten over blijven om ervoor te bidden.

Voorkom dat mensen hun leerstellige stokpaardjes of hun ongenoegen in hun gebed naar voren brengen. Laat niet toe dat mensen teveel gebedstijd opschrokken. Zorg dat er geen sleur ontstaat waarin je van tevoren weet wie gaat bidden, en wanneer en waarover. Net als bij iedere andere bijdrage tijdens een samenkomst, is het belangrijk dat mensen geleerd hebben hoe zij wijs moeten bidden in een gezamenlijke context. Moedig vooral de herhaling van korte pure gebeden aan als deze waarheid bevatten. 'God, help ons', is echt voldoende wanneer dat uit het hart komt en ziet op God in geloof dat op Hem gericht is, en niet op de mooie woorden die we gebruiken. Als er leven is in de samenkomst – zelfs onvolwassen leven – laat het dan maar rommelig worden; dat is vaak een teken dat iets nog niet rijp is. Mijn tuin moet vaak opgeruimd worden. Dat is een goed teken! Het geeft aan dat er dingen groeien en regulering nodig is. Wil een gezamenlijke tijd van gebed vrucht dragen dan is regulering van de bijdragen nodig.

Een andere veel voorkomende fout, is het gebrek aan heldere uitleg over wat er van iedereen verwacht wordt tijdens de gebedssamenkomst. Als je wilt dat er in groepjes gebeden wordt, leg dan uit op welke manier: met hoeveel mensen, op welke plek, waarvoor, bidden we allemaal tegelijkertijd, en voor hoe lang? Denk goed na en geef duidelijk aan iedereen door wat jij wilt. Gebrek aan duidelijkheid is vaak een kenmerk van gebedssamenkomsten die niet goed worden geleid. Als jij een bijeenkomst of een deel daarvan leidt, weet jij misschien wel wat je graag wilt dat iedereen zal doen, maar als je het hun niet vertelt, doen ze het niet!

WEES CREATIEF

Er is geen enkele reden waarom bidden saai zou moeten zijn of maar op één manier gedaan zou kunnen worden, maak je dus los van de sleur en help jouw kerk om gezamenlijk gebed te ontdekken, en ervan te genieten en ernaar uit te zien.

"Wanneer God machtige nieuwe dingen wil doen zet Hij Zijn volk altijd eerst aan tot gebed." Jonathan Edwards

GEEF JE VANDAAG NOG OP

DOE MEE MET EEN WERELDWIJD GEBEDSCONCERT VOOR OPWEKKING

NEEM JOUW KERK MEE OP EEN GEBEDSAVONTUUR

ENOUGH IS:

- een kader voor effectief en aanhoudend gezamenlijk gebed
- inspirerend materiaal met informatie en brandstof voor jouw gebeden
- de mogelijkheid om deel te nemen aan een uniek wereldwijd gebedsconcert

PRAYERSOFMANY.ORG

www.ingramcontent.com/pod-product-compliance
Lightning Source LLC
Chambersburg PA
CBHW071347080526
44587CB00017B/3002